EDITORA AFILIADA

Dados Internacionais de Catalogação na Publicação (CIP)
(Câmara Brasileira do Livro, SP, Brasil)

Paccola, Marilene Krom
  Leitura e diferenciação do mito / Marilene Krom Paccola; [prefácio Rosa Maria Stefanini de Macedo]. — São Paulo : Summus, 1994.

  Bibliografia.
  ISBN 85-323-0469-9

  1. Família - Aspectos psicológicos 2. Mito - Aspectos psicológicos 3. Pais e filhos 4. Psicoterapia de família I. Título.

94-1627   CDD-616.89156

Índices para catálogo sistemático:

1. Terapia familiar : Psicoterapia : Medicina 616.89156

Marilene Krom Paccola

LEITURA E DIFERENCIAÇÃO DO MITO

Histórias familiares
de adolescentes
com problemas

summus editorial

LEITURA E DIFERENCIAÇÃO DO MITO — Histórias familiares de adolescentes com problemas
Copyright © 1994
by Marilene Krom Paccola

Capa de:
Carlo Zuffellato/Paulo Humberto Almeida

Proibida a reprodução total ou parcial deste livro, por qualquer meio e sistema, sem o prévio consentimento da Editora.

Direitos desta edição
reservados por
SUMMUS EDITORIAL LTDA.
Rua Cardoso de Almeida, 1287
05013-001 — São Paulo, SP
Telefone (011) 872-3322
Caixa Postal 62.505 — CEP 01295-970

Impresso no Brasil

Em exortação...
"Vós sois o sal da Terra.
Vós sois a Luz do Mundo".
(Mateus, 5:13,14)

À minha família,
minha mãe Maria, e meu pai Advino,
meus irmãos Valdevino e
Marinês (in memoriam),
Ademércio, meu companheiro,
em especial, meus filhos:
Alessandra, Leonardo e Guilherme,
por existirem e pela riqueza
desta experiência compartilhada.

Às famílias que me contaram
suas histórias,

Estes...
Fragmentos esparsos, perdidos no tempo
Da minha memória

São cenas que componho
Que ressurgem, nos ritmos loucos,
das emoções que me molham os olhos.

Meu coração acelera,
faz o meu riso doce ou amargo,
no encontro com meus elos, meus
eus, minhas raízes...

Minhas dores, minhas perdas, o meu segredo...
Todas as minhas riquezas,
Neste espaço, compartilho com você.

Na minha história, no meu reencontro
Do passado, ao presente
Para um futuro em que se possa
escolher...

Aos alunos
que me acompanham em minhas
pesquisas, com sua ânsia de saber,
me estimulam a aprender
sempre mais...

SUMÁRIO

Prefácio, 9
Apresentação, 11
Introdução, 13

1. A visão sistêmica, 15
2. Comunicação e família, 19
3. Mito e rituais, 25
4. Segredos, lealdades e cortes bruscos, 31
5. O ciclo de vida na família, 33
6. À procura dos mitos familiares, 37
7. O trabalho terapêutico: apresentação do genograma, 41
8. A família de José Carlos, 43
9. A família de Eduardo, 63
10. A família de Elisa, 79
11. Repensando o mito, 93

Bibliografia, 99

PREFÁCIO

Este trabalho tem várias e enormes qualidades, a primeira das quais é a construção de um caminho original na pesquisa e intervenção psicológica na área das relações familiares. Relativamente nova como domínio de investigação acadêmica, recém-saída que é dos consultórios dos terapeutas de família, esta área começa a se desenvolver para além da prática da terapia familiar, de um lado, ampliando a aplicabilidade de seus conceitos e de outro, contribuindo para o próprio desenvolvimento da mesma numa circularidade própria do pensamento sistêmico.

Marilene Krom Paccola conquistou o mérito de ser uma dessas estudiosas que ampliam fronteiras, ao fornecer para os psicólogos em geral, não só aos terapeutas de família, uma visão da influência mútua das relações familiares, e as implicações recíprocas da inter-relação de seus membros na produção de padrões de interação próprios que se transmitem intergeracionalmente.

A partir de um novo paradigma científico que permite ver a família como uma unidade, um sistema e os problemas individuais como produto dos padrões interacionais disfuncionais desse mesmo sistema, ela enfoca um aspecto fundamental de todas as culturas humanas: o Mito, em sua complexa construção, como norteador das crenças mais profundas subjacentes às ações dos indivíduos e grupos.

Ao diferenciar o que chamou de *Mito Espinha Dorsal* de *Mitos Auxiliares*, a autora fornece uma visão extremamente prática e facilitadora para a compreensão do universo de significados de uma família que, embora não explícitos, têm uma influência capital nos seus valores, mesmo que constituam conteúdos "não ditos" na cultura familiar.

Desvendar tais conteúdos, torná-los claros e explícitos constitui tarefa das mais valiosas no trabalho do terapeuta. Isto é obtido à medida que se permite a desconstrução de significados ou visões da realidade, carregados de interpretações emocionalmente distorcidas que impedem a comunicação clara no sistema, produzindo bloqueios, estancamentos, disfunções, problemas.

Este livro mostra como fazê-lo.

Rosa Maria Stefanini de Macedo
São Paulo, fevereiro de 1994.

APRESENTAÇÃO

Inicialmente, percorremos o caminho do Pensamento Sistêmico, adentrando em suas características. Posteriormente, utilizando a Teoria dos Sistemas e os conhecimentos da Cibernética atentamos para os axiomas da Pragmática da Comunicação Humana e para as propriedades gerais da Interação Humana.

Discutimos a seguir os Padrões Transgeracionais que permeiam o não dito na família, caminhamos em busca da compreensão do Mito, através de uma postura filosófica passando pela antropologia até os conhecimentos hoje presentes na psicologia e terapia familiar.

Usando a Investigação Trigeracional em três casos clínicos, buscou-se o reconhecimento dos padrões transgeracionais e a clarificação dos Mitos Familiares, como meio de compreender os padrões interacionais por eles influenciados.

Na leitura da Estrutura Interna da família, foram trabalhados conteúdos como Expectativas de Lealdade, Segredos e Cortes Bruscos, na sua relação com o problema apresentado para o adolescente.

No ciclo de Vida da Família foi observado o adolescente inter-relacionando-se com os outros membros da família, todos em diferentes fases de vida.

O problema apresentado foi relacionado diretamente com os Mitos presentes na estrutura e funcionamento da família, verificando-se os aspectos indicadores da disfunção familiar.

O adolescente foi visto desde o problema trazido para o tratamento, à apresentação do genograma com a família e sua trajetória na vivência com esses conteúdos.

Repensamos o Mito, considerando os ganhos hauridos de nossa pesquisa e do trabalho na área, desde a necessidade de utilizar a Diferenciação do Mito Familiar, às reflexões a respeito do Mito Individual.

INTRODUÇÃO

Durante o desempenho de nossas atividades profissionais por aproximadamente dezoito anos, com adolescentes e crianças, várias considerações apresentaram-se para nossa reflexão.

É interessante notar, em especial, que a procura para o atendimento é em geral feita pelos pais, sendo raramente realizada pelo adolescente.

Na queixa focalizada, os sintomas mais comuns referem-se à inabilidade da própria família de lidar com aspectos do comportamento do adolescente.

Em entrevistas realizadas com os adolescentes essas queixas iniciais encontram-se muitas vezes negadas, ou decrescidas em relação ao valor que lhe é dado pelos pais, sendo que, comumente, outras queixas apresentam-se como prioritárias.

Tornou-se importante a visualização desse sintoma sob uma perspectiva mais ampla de interação familiar, que se mostra indispensável para se encontrar uma nova compreensão.

Os processos terapêuticos em geral são precedidos de um diagnóstico, ainda que realizado de forma breve, na tentativa de abranger a totalidade dos dados que são significativos.

O conhecimento das histórias familiares torna-se medida extremamente relevante, pois em geral elas mostram-se ricas em informações, principalmente quando buscamos a história trigeracional.

Nesses relatos encontramos constantemente a dificuldade de expressão e do reconhecimento de vários conteúdos que permeiam essas histórias e que são passados de geração a geração até a família atual.

A natureza, a intensidade e a profundidade dos laços entre essas gerações, bem como a definição desses conteúdos que estão sendo transmitidos, constituem um território não explorado em pesquisa, na medida suficiente, visível na esparsa bibliografia a esse respeito.

É necessário que se identifiquem esses conteúdos que, fazendo parte da vida interna da família, podem estar favorecendo ou determinando o aparecimento do sintoma no paciente identificado, o adolescente.

O jovem nessa fase do ciclo vital, torna-se portador de mudanças para o próprio sistema familiar, desafiando a hierarquia, questionando o estilo de funcionamento da família, constituindo-se um desafio à homeostase do próprio sistema.

Nessa fase de transição a crise se torna comum, e os conflitos e a estrutura de funcionamento da família tornam-se mais facilmente reconhecíveis.

Vendo a família pela ótica da teoria de sistemas e considerando-a matriz de identidade onde se formam as relações, a comunicação tem papel importante para transmissão de valores e regras. Aquilo que não está sendo expresso estaria influenciando no aumento de *stress* na família, nessa fase do seu ciclo vital?

A investigação trigeracional irá possibilitar o conhecimento da história dos indivíduos nela envolvidos, facilitar a compreensão do adolescente em seu contexto mais amplo, e permitir a discriminação do problema, favorecer a melhor orientação terapêutica.

1. A VISÃO SISTÊMICA

"A teoria é que determina de onde devemos olhar."

A. Einstein

Atualmente, em diferente áreas da ciência, há um crescente movimento que se evidencia pela flexibilização da concepção cartesiana, fornecendo a base de todo o moderno pensamento evolucionista. A visão do mundo que está a surgir caracteriza-se com nomes como: orgânica, holística e ecológica, podendo também ser denominada visão sistêmica, no sentido da Teoria Geral de Sistemas.[6, 11]

A lógica e a quantidade transformaram-se em instrumentos inapropriados para a descrição de organismos em sua interação e organização internas.[4] Não existe, portanto, uma maneira convencional de explicar ou mesmo discernir o fenômeno da organização biológica e de interação humana. Torna-se necessário a manipulação de outros instrumentos de pensamento.

A concepção sistêmica é vista como uma nova visão da realidade, que se baseia no estado de inter-relação e interdependência de todos os fenômenos físicos, biológicos, psicológicos, sociais e culturais, transcendendo as atuais fronteiras das disciplinas e conceitos, configurando uma estrutura inter-relacionada de múltiplos níveis de realidade multidisciplinar, gerando uma mudança de filosofia e transformação da cultura.

Entre as principais contribuições, encontramos os teóricos sistêmicos Erick Jantsch e a síntese publicada recentemente por Ervin Laszlo,[34] na qual se considera a Evolução em seu aspecto essencial da dinâmica da auto-organização; devemos falar também dos biólogos Conrad Waddington e Paul Weiss[54] e dos químicos Manfred Eigen e Ilia Prigogin[45] que recebeu o prêmio Nobel de química de 1976.

A visão sistêmica vai situar o mundo em termos de relações e integração: "Qualquer organismo é um sistema, uma ordem dinâmica de partes e processos em mútua interação".[6] Essa interação é simultânea e mutuamente interdependente entre componentes múltiplos.

Em vez de se concentrar nos elementos ou substâncias básicas, esta abordagem enfatiza os aspectos de organização com abundantes exemplos na natureza, desde as células como sistemas vivos, aos vários tecidos e órgãos do corpo, onde os sistemas não são limitados aos organismos individuais e às suas partes. Os mesmos aspectos de totalidade, estão presentes em outros sistemas sociais, como o formigueiro, a colmeia e mesmo a família humana, e por ecossistemas que consistem numa variedade de organismos e matéria inanimada em interação constante.

Essa natureza intrinsecamente dinâmica dos sistemas é definida como transação, a interação simultânea e interdependente entre componentes múltiplos faz com que a compreensão dos organismos seja orientada para o processo. Essas atividades dos sistemas, para Bateson[4, 5] que utiliza os princípios básicos da cibernética e da teoria da comunicação, consistem em: "trocas de comportamento", "simétricas", quando em geral se trata do mesmo comportamento e, "complementares", na qual o comportamento do outro sistema é diferente mas complementar ao do primeiro.

Todos os sistemas biológicos, os organismos e as organizações sociais ecológicas de organismos são capazes de mudanças adaptativas, qualquer que seja o sistema. A mudança adaptativa depende de circuitos de retroalimentação, sejam a que proporciona a seleção natural, ou a que resulta de esforço individual. Nesses modelos cíclicos de fluxo de informação, um componente A pode afetar B, B afetar C e C afetar A, reciprocamente, num sistema que envolve circularidade.

Os sistemas possuem flexibilidade e plasticidade internas, que dão origem a numerosas propriedades do mesmo princípio dinâmico; o princípio da auto-organização, que implica certo grau de autonomia dos sistemas, independentemente de influências ambientais. Um dos principais fenômenos desse princípio, a auto-renovação, é a capacidade dos sistemas vivos de renovar e reciclar continuamente seus componentes, sem deixar de manter a integridade de sua estrutura global.

Prigogin[45, 47] a quem foi outorgado o prêmio Nobel de química, por seus trabalhos sobre a evolução em sistemas fora do equilíbrio, considera que nesses os processos irreversíveis são fonte de ordem, dando lugar a uma evolução e complexificação progressiva do ser vivente, concebendo assim uma teoria de evolução. Essa teoria estabelece uma ruptura com os modelos progressivos lineares, e propõe que a evolução se dá através de flutuações.

Outro conceito importante[4, 5] é a definição de homeostase como um estado de equilíbrio dinâmico, transacional, em que existe flexibilidade; o sistema possui opções para interagir com o seu meio ambiente, assim como a possibilidade de adaptação evolutiva e de desenvolvimento. Esses princípios podem ser reconhecidos em espécies que vivem junto em bosques, bem como para agrupamentos e classes de pessoas dentro de uma sociedade, pois se encontram também em um equilíbrio estável de dependência e competição.

Os organismos caracterizam-se como sistemas abertos em permanente funcionamento e com intensas transações com o seu meio ambiente, configurando uma teia dinâmica e altamente integrada de formas vivas e não vivas, com múltiplos níveis de transações e interdependência. Embora haja competição, ela ocorre num amplo contexto de cooperação, de modo que o sistema maior é mantido em equilíbrio.

O conceito sistêmico de ordem estratificada[11] mostra a tendência dos seres vivos de formar estruturas de níveis que diferem gradativamente em sua complexidade, fornece a perspectiva apropriada para o fenômeno da morte. Na auto-renovação há o colapso e a construção de estruturas em ciclos contínuos, como aspecto essencial dos sistemas vivos, sendo a auto-renovação própria do ciclo de vida e morte.

Esse modelo de evolução é importante para a compreensão da teoria sistêmica. O modelo básico de evolução desenvolvido por Prigogin visto anteriormente, que leva em conta as estruturas químicas dissipativas, tem sido aplicado com êxito para descrever a evolução de vários sistemas biológicos, sociais, e ecológicos.

Na teoria clássica a evolução avança para um estado de equilíbrio, adaptando-se cada vez mais ao seu meio, enquanto na visão sistêmica a evolução opera longe do equilíbrio e se desenvolve através de adaptação e criação.

Esses dois sistemas estocásticos[4, 5] estão parcialmente em interação e parcialmente isolados um do outro. Um sistema que está dentro do individuo é chamado de aprendizagem, o outro é imanente à hereditariedade e é denominado evolução. O primeiro diz respeito a um único tempo de vida, o outro se refere a múltiplas gerações de muitos indivíduos. O mecanismo de seleção que atua sobre os indivíduos varia aleatoriamente, inclui tanto a pressão interna como as circunstâncias ambientais a que a criatura está sujeita.

A mente é um agregado de partes ou componentes em interação. Para Bateson[5] a mente é definida como um fenômeno sistêmico, característico dos organismos vivos, sociedades e ecossistemas.

Uma série de critérios são enumerados para que a mente ocorra; qualquer sistema que satisfaça esses critérios de processar a informação pode desenvolver os fenômenos que são associados à mente, tais como aprendizagem, pensamento e memória.

A mente é a essência de estar vivo[11], a vida não é substância ou força, e a mente não é uma entidade que interage com a matéria. Vida e mente são manifestações do mesmo conjunto de propriedades sistêmicas; um conjunto de processos que representam a dinâmica da auto-organização.

A mente individual é vista como imanente não só ao corpo. Ela o é também às mensagens que se dão fora do corpo. Existe uma mente mais ampla e comparável a Deus, que é imanente ao sistema social interconectado na ecologia planetária.

Outros estudos detalhados como o de Lovelock[35] juntamente com a microbióloga Lynn Margulis, mostram que a regulação da composição química do ar, a temperatura da superfície da Terra e muitos outros aspectos do meio ambiente planetário sugerem que tais fenômenos só podem ser entendidos se o planeta como um todo for considerado um único organismo vivo.

Resgatando um poderoso mito antigo, os dois cientistas chamaram a hipótese de "Gaia", nome da deusa grega da Terra; toda a matéria viva, a atmosfera, os oceanos e o solo, formam um sistema complexo com todas as características de auto-organização. Gaia é um ser planetário vivo.

Na ordem estratificada da natureza, as mentes individuais são inseridas em mentes mais vastas, dos sistemas sociais e ecológicos, integradas na "mente de Gaia", a qual deve particǐpar de alguma mente universal ou cósmica.

2. COMUNICAÇÃO E FAMÍLIA

*"Minha família anda longe.
Mas eu sei reconhecê-la:
Um cílio dentro do oceano,
um pulso sobre uma estrela."*

Cecília Meireles

Ao utilizarmos uma visão mais ampla de observação, alcançamos o contexto no qual os eventos estão inseridos; ao considerar o ser humano como nosso objeto maior de interesse, vamos encontrá-lo em constantes manifestações em seu meio, que podem ser observáveis e que têm como veículo a comunicação.

Para os teóricos da pragmática da comunicação humana[52] a comunicação é uma condição *sine qua non* da vida humana e da ordem social. Para eles, desde o início da vida, o ser humano encontra-se envolvido em processos de interação, onde aprende constantemente regras de comunicação.

Os termos comunicação e comportamento são usados como sinônimos nesta abordagem. A partir de analogias com a matemática, os conceitos de função são colocados em paralelo com o conceito de relação. As funções são priorizadas como essência de nossas percepções, as funções como sinais que representam ligações, sendo essa essencialmente uma consciência de funções de relações.

Uma nova epistemologia[4] utiliza-se dos postulados da cibernética, para proporcionar o vislumbre de novas formas de funcionamento dos sistemas em interação. Toda comunicação tem uma característica: a de ser modificada por outra comunicação que a acompanhe, que ressalta o aspecto dinâmico desse processo.

Os conceitos de "retroalimentação" e "redundância" ressaltam aspectos importantes: quando os fenômenos do Universo podem ser concebidos como intervinculados pela causa e efeito, e pela transferência de energia, o quadro resultante apresenta cadeias de causação complexamente ramificadas e interconectadas, mediante um mecanismo que se caracteriza pela circularidade de A para B, B para C e C para A.

Como as manifestações de vida se distinguem pela estabilidade e mudança, esses mecanismos de retroalimentação positiva e negativa devem ocorrer em formas específicas de interdependência ou complementaridade. A retroalimentação é considerada negativa quando desempenha papel importante na realização e manutenção da estabilidade da relação, caracteriza a homeostase, e positiva quando conduz à mudança, há perda de estabilidade e equilíbrio.

Bateson[4] desenvolve a idéia de que a comunicação é precisamente "criação de redundâncias", ou "estruturação mediante padrões", podendo aplicar-se aos mais simples exemplos de engenharia. No caso de um indivíduo observar um jogo de xadrez, à medida que observa, compreende o comportamento dos jogadores, identificando um padrão complexo de redundâncias e atribui um significado a cada peça e regra.

Outros conceitos tornam-se importantes para essa compreensão. Um deles é muito bem explicitado por Bateson[5]: "Que padrão relaciona o caranguejo à lagosta, a orquídea à prímula e todos os quatro a mim? E eu a você? E nós seis à ameba, em uma direção, e ao esquizofrênico retraído, em outra?". Partindo dessa reflexão surge a frase "O padrão que une" e que focaliza diretamente as relações existentes dentro e fora dos organismos.

De acordo com a Pragmática da Comunicação Humana[52], é necessário examinar algumas propriedades simples da Comunicação, que têm implicações interpessoais fundamentais; elas detêm a natureza dos axiomas:

Primeiro axioma — "a impossibilidade de não comunicar", inexiste "não comportamento", pois todo comportamento tem valor de mensagem em uma situação interacional. A teoria nos oferece importantes conceituações. Uma unidade comunicacional isolada será chamada "mensagem" — ou, quando não houver a possibilidade de confusão, uma "comunicação"; uma série de mensagens trocadas entre pessoas é chamada de "interação".

O segundo axioma nos informa: "A comunicação não só transmite informação, mas, ao mesmo tempo, impõe um comportamento". No "Isto é uma ordem! estou só brincando...", a relação pode ser expressa não só verbalmente, mas de muitas maneiras, e considerando-se o contexto no qual ocorre, toda comunicação tem um aspecto de conteúdo e um aspecto de comunicação, de maneira que o segundo classifica o primeiro e é, portanto, uma metacomunicação.

No terceiro axioma temos a afirmação: "A natureza de uma relação está na contingência da pontuação das seqüências comunicacionais entre os comunicantes". De acordo com os autores, essa discordância sobre a pontuação da seqüência de eventos está na raiz de incontáveis lutas em torno das relações, pois, à medida que as seqüências se tornam repetitivas, fica difícil pontuar a comunicação. Portanto, todas as pessoas — de maneira implícita ou explícita — tentam definir a natureza de suas relações, e isto ocorre através da conduta comunicativa.

O quarto axioma afirma: "Os seres humanos comunicam-se digital e analogicamente". A forma digital é sempre utilizada para denominar alguma coisa, sendo essa relação entre o nome e a coisa arbitrariamente estabelecida, pois apenas a convenção semântica de nossa linguagem é que estabelece essa correlação.

A comunicação analógica pode se referir mais facilmente à coisa que representa, tendo suas raízes em períodos arcaicos da evolução humana: estão codificados e organizados de maneira totalmente diferente dos algarismos da linguagem. Assim, o discurso da comunicação analógica versa precisamente sobre assuntos da relação: amor, ódio, respeito, temor, dependência etc.

Utilizando os conhecimentos da cibernética, Haley[24] afirma: "Quando uma mensagem tem referentes múltiplos, não é mais um *bit*, então é analógica". Trata-se de uma linguagem na qual cada mensagem se refere ao contexto de outras mensagens, não existe uma mensagem simples e uma resposta simples, mas estímulos múltiplos e respostas múltiplas, algumas delas fictícias, sempre considerando o contexto onde acontecem.

Assim, toda comunicação tem um conteúdo que provavelmente pode ser comunicado pela linguagem digital, ao passo que o aspecto relacional será sempre analógico em sua natureza: assim, a cinética do homem vai se tornando cada vez mais rica e complexa, enquanto a paralinguagem floresce nessa evolução da linguagem. Tanto a cinética como a paralinguagem elaboraram-se e transformaram-se em complexas formas de arte, música, balé, poesia e coisas semelhantes.

Toda comunicação não verbal é considerada comunicação analógica. O termo deve abranger postura, gestos, expressão facial, inflexão de voz, seqüência, ritmo e cadência das próprias palavras, e qualquer outra manifestação não verbal de que o organismo seja capaz, assim como as pistas comunicacionais infalivelmente presentes em qualquer contexto em que ocorra a comunicação.

No quinto axioma: "Todas as permutas comunicacionais são simétricas ou complementares, segundo se baseiem na igualdade ou na diferença". Esse fenômeno é descrito por Bateson como cismogênese, em seu livro *Naven*. Posteriormente, ele explica[4]: "Se considerarmos a diferenciação social em uma comunidade estável, digamos em uma tribo da Nova Guiné, verificaremos que não basta dizer que o sistema de hábitos ou a estrutura de caráter de um sexo é diferente do outro. O significado é que o sistema de hábitos de cada sexo encaixa como os dentes de uma engrenagem com o sistema de hábitos do outro, e que a conduta de cada um deles promove os hábitos do outro".

Continuando nessa linha de pensamento, são analisados vários comportamentos de pertinência recíproca, em que essas mudanças progressivas podem ser descritas como cismogênese complementar. Reconhece-se uma série de padrões simétricos dentro dos quais as pessoas respondem aos outros fazendo algo similar. Nesse padrão, o parceiro tende a refletir o comportamento do outro, por isso o nome simétrico, que se caracteriza pela igualdade e minimização da diferença.

Um terceiro tipo de relação[52] foi sugerido: a "metacomplementaridade", em que A deixa ou força B a encarregar-se dele, e a "pseudossimetria" em que A deixa ou força B a ser simétrico. Os dois conceitos referem-se a duas categorias básicas da comunicação humana, dentro das quais as permutas comunicacionais podem ser divididas. Ambas têm funções importantes e estão presentes nas relações saudáveis, embora em mútua alternância ou operação em diferentes áreas.

A interação humana pode ser considerada como um sistema, pois utilizando a teoria geral dos sistemas podemos alcançar uma melhor compreensão da natureza da interação, devendo esse enfoque limitar-se a certos aspectos interacionais vigentes especialmente no contexto da família.

Utilizando extenso material sobre terapia familiar obtido em pesquisas com grupos de esquizofrênicos, Jackson[27,28] observou a existência de repercussões drásticas na família quando estes apresentavam melhora. A partir dessas observações, elaborou o conceito da homeostase familiar, relacionando-o aos axiomas da comunicação humana.

A família é então vista como um sistema interacional aberto e em movimento. Essa abordagem comunicacional da família pode ser enunciada de acordo com alguns princípios: através do princípio de globalidade, pode-se observar a família como uma rede interatuante de comunicações, na qual todos os membros, do bebê ao avô de setenta anos influenciam a natureza de todo o sistema e são, por sua vez, influenciados por este.

Ilustrando também que o todo é maior que a soma das partes, na família há uma complexidade de subsistemas que se relacionam, sendo que toda e qualquer parte está diretamente relacionada com as demais, afetando e sendo afetados por elas.

A família[38] pode ser vista como um sistema em constante transformação, ou um sistema que se adapta às diferentes exigências das diversas fases do seu desenvolvimento, pois a família mudará à medida que a sociedade muda. Ela está sujeita tanto à pressão interna, que provém das mudanças evolutivas nos seus próprios membros e subsistemas, como à pressão externa, como, por exemplo, as alterações nas solicitações sociais. Todos são afetados, fazendo com que a família se modifique com o fim de assegurar a continuidade e o crescimento psicossocial aos seus membros.

O princípio da não-somatividade aparece como colorário da noção de globalidade, pois a análise de uma família não é a soma das análises dos seus membros individuais, uma vez que existem características do sistema que transcendem as qualidades dos membros individuais. Na família há qualidades individuais, principalmente o comportamento sintomático, que se mostram específicas do sistema.

Pode-se pensar a família em sua complexidade e organização interna como um sistema ativo, elaborado através de tentativas e erros, auto-regulado por regras desenvolvíveis e modificáveis no tempo, até uma definição estável do próprio sistema[38]. Ocorre assim a formação de uma unidade sistêmica apoiada em modalidades relacionais peculiares do próprio sistema, passíveis de novas formulações e adaptações através do tempo; isto evidencia o processo dinâmico e transformador da família vista como sistema.

Utilizando o princípio da retroalimentação e homeostase já discutidos anteriormente, Jackson[27, 28] vê a família como um sistema fechado de informações em que variações de rendimento do comportamento são retroalimentadas (*feedback*), a fim de corrigir a reação do sistema mantido por um equilíbrio interno que ele denomina homeostático.

Posteriormente esse princípio é contestado[13] na maneira como o sistema interacional é produzido e como se encaixa nele, e isso se dá porque os sistemas vivos se encaixam e se reúnem a fim de se tornarem mais ordenados ou mais estruturados. É, portanto, oferecida a idéia de coerência em vez de homeostase, referindo-se à maneira pela qual os membros de uma família se encaixam e combinam como peças de um quebra-cabeça. Os comportamentos que ocorrem num sistema familiar possuem uma complementaridade geral: eles se encaixam.

A tendência homeostática, por um lado, e a capacidade de transformação, por outro, como caracteres funcionais do sistema, não são respectivamente nem bons nem maus. Ambos são indispensáveis à manutenção de um equilíbrio dinâmico no interior do próprio sistema, num *continuum* circular.

Existe uma calibração do comportamento habitual ou aceitável, as regras de uma família, ou as leis de uma sociedade, dentro das quais os indivíduos ou grupos costumam funcionar. Em um nível, um desvio fora do âmbito aceito é contrabalançado, num outro nível sofre uma ampliação, o que pode redundar em um novo estado do sistema.

Segundo o princípio da eqüifinalidade, a mesma origem pode levar a diferentes resultados, e o mesmo resultado pode surgir de diferentes origens. Isso implica que não são os eventos em si que determinam um funcionamento específico, mas que as próprias características de organização e interação condicionam a forma com que cada família assimila e enfrenta cada situação.

Portanto, a interação humana pode ser descrita como um sistema de comunicação caracterizado pelas propriedades dos sistemas gerais: o tempo como variável, relações sistema-subsistemas, globalidade, retroalimentação e eqüifinalidade, que vão ser evidenciados na família vista pela ótica de sistema.

3. MITO E RITUAIS

"O tempo presente e o tempo passado estão presentes no tempo futuro. E o tempo futuro contido no tempo passado."

T. S. Eliot

Podemos destacar conteúdos extremamente importantes na estrutura e funcionamento de uma família que se encontram presentes no "não dito", e se evidenciam nos padrões transgeracionais passados de geração a geração em uma família. Torna-se, portanto, necessário a compreensão do mito como elemento fundamental que norteia e determina a estrutura e o funcionamento da família.

Para aprofundar o estudo do mito, julgamos importante adentrar ao pensamento de Cassirer[12], que — numa postura kantiana — dedicou-se aos estudos da filosofia do simbolismo. Ele traça conexões firmes entre linguagem e mito. A mitologia, no sentido mais elevado da palavra, significa o poder que a linguagem exerce sobre o pensamento, e isso em todas as esferas possíveis da atividade espiritual, sendo o mundo espiritual compreendido como o mundo das representações e dos significados.

As representações míticas da humanidade são vistas como revelações da consciência primeva do ser. A linguagem, o mito, a arte e a ciência, são consideradas formas de ideações que se inteiram e se condicionam mutuamente.

O mito nas sociedades primitivas era considerado história verdadeira e preciosa por seu caráter sagrado, exemplar e magnífico, e fornecia a base da estrutura dessas sociedades e os modelos para a atividade humana. Tratava-se de uma realidade cultural extremamente complexa, que pode ser abordada e interpretada através de perspectivas múltiplas e complementares.[14]

Para Lévi-Strauss[50, 51] numa dimensão sócio-antropológica, o mito corresponde a um reflexo da estrutura social e de suas relações,

25

onde se priorizam as relações de parentesco. Ao indicar o início da instituição familiar na relação de parentesco, Strauss divide o mito em mitemas, unidades constitutivas nas quais acentua a importância do seu aspecto simbólico ou a decifração do seu sentido oculto, considerando o mito uma matriz de conhecimento.

A principal função do mito[30] é a de revelar os modelos exemplares de todos os ritos e atividades humanas significativos: a alimentação, o casamento, o trabalho, a educação, a arte, ou a sabedoria. É considerado, assim, um ingrediente vital da civilização humana.

Na dimensão cultural do mito, nele são projetados tanto complexos individuais, quanto certas estruturas interacionais da família. O mito de Édipo está entre os exemplos mais conhecidos nesse sentido.[10] Através de narrativas populares ou literárias sobre seres heróicos ou ações imaginárias, são transportados culturalmente para a família acontecimentos históricos reais ou desejados, sendo compartilhados por todos aqueles que a integram.

O primeiro pesquisador a denominar alguns aspectos das relações familiares de "mitos familiares" foi Ferreira[17], que os definiu como "crenças bem sistematizadas e compartilhadas por todos os membros da família. Tais crenças não são contestadas por nenhuma das pessoas interessadas, ainda que incluam distorções evidentes da realidade". O mito contém regras da relação e das rotinas da vida existentes em todas as famílias, e que são questionadas naquelas que não apresentam evidências patológicas. Pode cumprir uma função defensiva, por promover a homeostase e a estabilidade da relação.

No mito pode-se perceber[1,2] "Um conjunto de realidades em que coexistem elementos reais e de fantasia" servindo à família de acordo com a sua realidade e atribuindo a cada membro um papel e destino bem preciso. O mito passa a ser visto não só através de uma concepção estática e controladora, mas também através de uma concepção evolutiva e transformadora. Com o passar do tempo, há mudança na trama mítica, uma vez que as funções podem transformar-se, ou modificar-se à medida que a família enfrenta etapas evolutivas.

Os teóricos da escola de Milão, ao analisarem famílias com um membro psicótico ou anoréxico concluem que o mito é um fenômeno sistêmico, pedra angular que mantém a homeostase do grupo que o produziu. Seu nascimento, a sua permanência e a sua reativação visam o reforço da homeostase do grupo contra toda solicitação que poderá fazê-lo explodir.[42]

O aspecto trigeracional do mito é aí também assinalado, ao dizer que ele se transmite de uma geração a outra, constituindo com sua própria existência, um fragmento de vida, um pedaço da realidade que enfrenta. Dessa maneira, modela os filhos que nascem dentro dele, podendo congelar aos extremos as regras da família, criando um clima favorável à eclosão psicótica.

O mito pode significar um segredo, ou crença inconsciente ou ainda uma atitude, a qual através de uma ampla aceitação por gerações sucessivas de uma família, perpetua-se na determinação de suas respostas e condutas.

De acordo com nossos estudos[33] logramos fazer algumas diferenciações em relação à conceituação do mito: *O mito constitui em sua essência a concepção do mundo própria da família, onde se cria a realidade familiar e o mapa do mundo individual.* Diferenciamos os mitos presentes em cada estrutura familiar em "Mito Espinha Dorsal", considerado *aquele que norteia a estrutura e o funcionamento da família, determinando o maior número de pautas e regras familiares.* Como "Mitos Auxiliares" definimos *aqueles que vão se delineando com o passar do tempo, que se ajustam ao Mito Espinha Dorsal, determinando pautas complementares.*

Em relação à sua criação, fundamentalmente eles se baseiam sempre no poder e na dependência, no amor e no ódio, no desejo de tomar conta e no desejo de ferir, sentimentos estes que estão inevitávelmente ligados ao sexo, nascimento e morte.[44] Vários aspectos podem ser apontados como favorecedores do aparecimento da trama mítica: desde a incorporação de mitos culturais, o que leva a uma atitude de longa aceitação, até o surgimento de segredos, que podem influenciar o aparecimento do mito, e serem também influenciados por ele.

Os mitos desenvolvem-se originariamente sobre os vazios, falta ou escassez de dados a respeito desses vazios, que são preenchidos pelo ato criativo fantástico. Este último ocupa seu lugar e introduz questões ligadas aos grandes temas da vida, e tenta responder a elas.[2]

A trama mítica pode seguir o livro dos créditos e dos débitos, à que chamam de trama de lealdade multipersonal — "lealdades invisíveis"[8] — que implica a existência de expectativas do grupo, em relação às quais todos os membros da família assumem um compromisso. Os mitos familiares revelam de forma gradual sua estrutura como contabilizadora autônoma de méritos, que, em sua forma encoberta ou manifesta, comporta todos os membros que dela fazem parte. As lealdades invisíveis mostram-se estreitamente entremeadas e inter-relacionadas na estruturação mítica, determinando desde o seu aparecimento até sua própria configuração.

Alguns aspectos específicos das relações das pessoas que serviam para a manutenção do mito são compartilhados por todos os membros, que promovem rituais e áreas específicas de acordo automático.¹⁷ Podem se apresentar como uma série de atos e comportamentos estritamente codificados na família, que se repetem no tempo e dos quais participam todos ou uma parte de seus membros.

Os rituais têm na família a tarefa de transmitir a cada participante valores, atitudes e modalidades comportamentais, relativos a situações específicas ou vivências emocionais a eles ligados. É importante considerar as transformações sucessivas, pelas quais passam estes atos e comportamentos, os quais servem de apoio aos significados que cada membro da família lhes atribui, pois, se enriquecem com o passar do tempo.

Os ritos são moldados pelas regras estabelecidas pela família. Os hábitos são exteriorizados através dos ritos e ancorados nas regras por eles definidas; os rituais podem ser observados nas famílias desde as demonstrações de afeto, as atividades de acordar, dormir, festejar ou ainda o culto aos mortos.¹⁰

Os rituais proporcionam marcos de expectativas, nos quais, por meio da repetição, da familiaridade e da transformação do que já se sabe, produzem-se novas condutas, ações e significados, onde se acentua a capacidade de modificação dos próprios rituais.⁷

Na estrutura dos mitos nas famílias, destacam-se os rituais, que servem à sua sustentação, com a função de transmitir aos familiares os valores, atitudes e comportamentos determinados pelo mito. Pode-se observá-los sofrendo modificações e colaborando decisivamente para a transformação da trama mítica.

Além da ação, os rituais têm a sua disposição a densidade e a polivalência dos símbolos que são a unidade mínima do ritual. Os rituais podem ter multiplos significados diferentes, e também a possibilidade de descrever o que não pode se expressar em palavras. Acentua-se dessa forma o potencial dos recursos simbólicos que os rituais contêm, assim como as suas possibilidades transformadoras.⁷

O ritual pode ser um sistema de intercomunicação, visto do seu interior simbólico e não do seu exterior funcionalista. O ritual pode ser considerado como um sistema de intercomunicação simbólica entre o nível do pensamento cultural e complexos significados culturais, por um lado, e a ação social e o acontecimento imediato, por outro.

O ritual pode sofrer transformações, pois, à medida que transmite um significado através das gerações, oferece a oportunidade de se criar novas metáforas, possibilitando a formação de novas concepções de mundo.

A capacidade do ritual de funcionar como um sistema de intercomunicação entre estrutura e significado, torna possível a transformação. Pois o fato de o ritual combinar a comunicação analógica e digital, fornece a oportunidade de expressar e experimentar o que não se pode colocar em palavras. "O ritual pode facilitar a coordenação entre indivíduos, famílias e comunidades, entre passado, presente e futuro".[7]

Dessa forma, o ritual favorece a reorganização de pautas de funcionamento, o que pode ser utilizado em terapia para colaborar na modificação de aspectos ligados à mitologia familiar.

4. SEGREDOS, LEALDADES E CORTES BRUSCOS

"Seja paciente com as coisas não resolvidas em seu coração... Tente amar as próprias questões..."
Rainer Maria Rilke

Os segredos familiares podem estar presentes numa família e serem compartilhados por pais e filhos por várias gerações. É possível que um fato real seja mantido em segredo, mas também que as fantasias ligadas a ele determinem o comportamento da família, assegurando provavelmente a criação de pautas de ocultamento e não compartilhamento.

Os segredos envolvem informações que são ocultas ou partilhadas diferencialmente entre ou no meio das pessoas, sugerindo as formações de divisões e alianças necessárias para a manutenção dessas informações.[29] Pode-se considerar: segredo individual — envolve uma pessoa que mantém um segredo de outra pessoa ou pessoas da família; segredos internos da família — envolvem situações em que no mínimo duas pessoas mantêm um segredo de uma outra; segredos de família partilhados — casos em que todos os membros da família sabem o segredo e estão empenhados em mantê-lo.

Os segredos podem estar relacionados com o sentimento de culpa, principalmente quando apontam uma relação com a transgressão de uma lei ou norma familiar; esse sentimento de dívida pode percorrer as gerações determinando pautas específicas e rigidificando os mitos.[10]

A lealdade, em suas múltiplas formas de expressão, institui uma força, saudável ou não, que cria vínculos de conexão entre gerações passadas e futuras numa família.[8] Na lealdade podem estar refletidas pautas de endividamento recíproco. Esse conceito da trama de lealdade multipersonal implica a existência de expectativas estruturadas do grupo, em relação à qual todos os seus membros adquirem um compromisso. Essa configuração sempre se mostra encoberta e dificilmente reconhecida. As lealdades na família ligam seus membros um ao outro num caminho recíproco, facilitando intensas alianças, assim como rompimentos que podem enfraquecer o suporte do sistema.

Como a família constitui um sistema que está em constante transformação, com o passar do tempo ela vai garantir o desenvolvimento e a diferenciação de seus membros.

A marca familiar é um fator determinante. Para Bowen[9], o nível de autonomia individual pode ser previsto muito cedo. Igualmente o curso da história futura do indivíduo pode ser previsto baseando-se no nível de diferenciação dos pais e no clima emocional predominante na família de origem. É muito importante para esta teoria a relação triangular, na qual um componente é representado sucessivamente por cada uma das três partes, onde duas pessoas não conseguem se relacionar sem uma terceira que, em geral, tem a função de diminuir as tensões no par inicial.

Qualquer triângulo tende a ser parte de uma pauta sistemática maior, que pode envolver o entrelaçamento de outros triângulos. Essas formações podem se repetir através das gerações, sendo responsáveis pelo aumento vertical da ansiedade. Um desenvolvimento saudável implica uma diferenciação até o ponto onde cada um pode funcionar de forma independente em cada relação e não cair automaticamente em uma certa pauta relacional com uma pessoa, devido à relação que esta tem com uma outra. Quando esse desenvolvimento não é possível, podem ocorrer determinados movimentos no funcionamento familiar.

O corte brusco refere-se a um distanciamento emocional[9], onde podem ser usados vários tipos de mecanismos, como a fuga ou o não falar. Tais rompimentos enfraquecem o sistema, deixando poucos caminhos para a mútua troca de sentimentos. Encorajam muitas alianças duplas, o que colabora para a rigidificação de determinadas pautas de funcionamento na família.

5. O CICLO DE VIDA NA FAMÍLIA

*"Pois as graças do mundo em abandono
Morrem ao ver nascendo a graça nova.
Contra a foice do Tempo é vão combate,
Salvo a prole, que o enfrenta sem se abater."*

Shakespeare

Como sistema vivo a família movimenta-se através do tempo. Em constante transformação, ela se adapta às exigências das diversas fases do seu ciclo de desenvolvimento, assim como às mudanças nas solicitações sociais, com o fim de assegurar continuidade e crescimento psicossocial aos membros que a compõem, sofrendo profundas transformações e mudanças.

Os estímulos internos e externos e a conseqüente necessidade de mudança exigem que os membros da família avaliem continuamente suas relações e reavaliem o equilíbrio entre unidade familiar e crescimento individual, o que evidencia os complexos padrões de interação entre o desenvolvimento do indivíduo e da família. As transições que ocorrem no crescimento e desenvolvimento do indivíduo implicam movimentos de mudança no grupo familiar e portanto devem ser entendidos no contexto do ciclo vital da família.

Essa abordagem reúne vários universos conceituais. Ela é derivada do campo da sociologia da família, e passou a integrar conhecimentos advindos também da sociologia rural, do desenvolvimento da criança, da sociologia do trabalho, e conceitos conquistados através das pesquisas de Duval e Hill, Aldous, Duval, e Rodgers, entre outros[16]. Esses conceitos começaram a ser utilizados por grande número de teóricos da terapia familiar, cujas contribuições se mostram de acordo com a abordagem sistêmica: Minuchim[38], Bowen[9], Haley[24], Palazzoli[42].

A família é vista como sistema sócio-cultural aberto, e em transformação. Constitui uma unidade social que se confronta com uma série de tarefas de desenvolvimento, permite uma predictibilidade de estágios, governados por mudanças necessárias para a reorganização de velhos subsistemas e para o aparecimento de novos, alterando os limites dentro e fora da família[38]. Nos períodos de transição, quando um novo membro entra ou sai da família, esse fato envolve mudanças de papéis e normas, que definem os limites na família. Para os terapeutas estruturais, a disfunção na família está ligada, de muitas maneiras, ao processo de desenvolvimento. O desenvolvimento e a organização na família influenciam-se reciprocamente. O desenvolvimento requer mudança de organização da família[16]. As transações entre os membros da família descrevem flutuações que podem mover o sistema através de uma nova estrutura, podendo esse processo levar a uma ampliação da crise e mesmo a uma transformação de normas.

Os ciclos de vida podem ser vistos como um processo orientado em um parâmetro de mudança, entre condições de proximidade e distância. Essas mudanças são gradativas no ciclo de vida, ocorrendo devagar no início e de maneira mais rápida posteriormente.

Através da proposta de determinados estágios de desenvolvimento da família[48], é central a idéia de que a tarefa desenvolvimentista realizada adequadamente possibilita à família seguir para o próximo estágio.

Quando a família se reestrutura, passa por muitos períodos em *stress*, vivendo momentos de transição. Os problemas transicionais podem dar origem a problemas adicionais.

É importante considerar que toda sociedade tem um sistema social de expectativas, onde se aguarda a idade para determinados tipos de comportamento, tempo para casar, ter crianças e se aposentar. Esse regulador social é passado através da cultura e das normas sociais.

A família é considerada como uma unidade básica de desenvolvimento emocional, onde o ciclo de vida é visto num sentido de "conexão intergeracional na família", na perspectiva de um fenômeno natural de vida com pelo menos três gerações que evoluem através do tempo. Carter e McGoldrick[21] elaboraram um modelo de ciclo vital, levando em consideração os aspectos dos estágios individuais de desenvolvimento, as etapas do ciclo de vida familiar socialmente determinadas em suas peculiaridades culturais e os dados da terapia familiar focalizando as crises na família.

Este modelo permite ler o sistema familiar de um ponto de vista trigeracional, indicando os possíveis estressores a nível interno e externo da família, no eixo da geração atual e passada. Nesse cruzamento do ciclo vital da família com o ciclo vital de seus membros e diante da complexidade dessas relações intergeracionais, há membros em diferentes estágios de desenvolvimento com oportunidade para mútua interdependência.

Os estressores desenvolvimentistas são considerados como as estações[32]: movimentam-se num tempo previsto. Sabe-se que elas existem, são pontos de transição tais como: nascimento, casamento e funerais, que podem ser considerados como crises naturais na família. Portanto, o aumento de ansiedade na família pode dar-se em duas direções: na vertical, que inclui os tabus, mitos, segredos e expectativas das famílias, movendo-se para a próxima geração; e na horizontal, em relação às transições evolutivas esperadas no ciclo de vida da família. A habilidade da família para manejar essas transições pode ser afetada pelo grau de ansiedade que vem dos dois lados.

As mudanças que se fazem necessárias podem ser de duas ordens: de primeira ordem, as que fazem frente às dificuldades presentes nos estágios de desenvolvimento; e as de segunda ordem[53], que visam possibilitar à família um rebalanceamento de sua presente organização, numa mudança mais profunda.

Existem tarefas emocionais para serem cumpridas em cada fase do desenvolvimento da família, requerendo uma mudança no *status* de seus membros, num complexo processo emocional que envolve como fazer a transição de fase a fase e ilustra o cruzamento de ambos os estressores no ciclo vital da família. Os estressores externos são muito importantes, pois atuam fortemente sobre a família, tais como as guerras, os terremotos, o fogo e a doença debilitante. Seus efeitos são óbvios e podem ser devastadores. Após algum tempo, a família reconstrói sua vida, mas restam fortes sentimentos de tristeza, frustração e raiva.

Torna-se necessário considerar ainda o contexto histórico e as características do momento na sociedade em que esta está inserida: violência, poluição, liberação feminina, drogas, pobreza extrema, que colaboram conjuntamente para dificultar a passagem da família através do seu ciclo de vida[36].

O adolescente na família

A concepção popular tem presente que a adolescência constitui uma época de profundas dificuldades emocionais. Durante muitos anos a literatura específica respaldou-se na noção da adolescência como um período marcado por turbulências em que além da luta pela formação de uma identidade adulta, existem muitas dificuldades emocionais[15, 43, 31].

Estudos mais recentes[18], constataram, porém, que somente entre 20 a 30 por cento desta população experimentam dificuldades graves, que a tensão e o arrebatamento psíquico não constituem uma norma absoluta e os jovens que os experimentam necessitam de ajuda.

Em todas as culturas, a família dá a seus membros o cunho da individualidade[38]. A experiência humana de identidade tem dois elementos: um sentido de pertencimento e um sentido de ser separado. O laboratório em que estes ingredientes são misturados é a família, a matriz de identidade; isto ocorre através da participação do jovem em diversos subsistemas familiares, contextos familiares, e grupos extrafamiliares dos quais participa.

Um aspecto importante[16] é o reconhecimento recente de que o desenvolvimento da criança continua além da adolescência e que o adulto e a família também estão em processo de mudança. Desta forma, o indivíduo modifica-se, passando pelas transições de crescimento que implicam movimentos de mudança envolvendo todo o sistema e devem ser entendidos no contexto do Ciclo Vital da Família. Essa nova maneira de ver a família possibilita encarar o indivíduo não como proprietário de seus sintomas mas num contexto familiar com sintomas.

À medida que as crianças crescem, trazem novos elementos ao sistema familiar, como na adolescência, onde o grupo de companheiros alcança muito poder. Trata-se de uma cultura em si mesma, com seus próprios valores sobre sexo, drogas, álcool, maneira de vestir, política, estilo de vida. Diante desse sistema forte e competitivo, o adolescente torna-se mais apto a questionar os pais, e problemas de autonomia e controle podem ser motivos de conflito.

No modelo de ciclo vital proposto por Olson[40, 41], a adolescência caracteriza-se como uma etapa de preparação de saída do lugar, onde se geram questionamentos a respeito do estilo de vida familiar, e onde se ventilam as diferenças entre os jovens e os pais.

O importante é entender que não se trata de um fato isolado, entre os pais e o filho adolescente[36], mas a mobilização de todo o sistema que envolve as relações entre este jovem e os outros irmãos, os irmãos menores e os pais, os filhos de um modo geral e os próprios pais entre si, e o grupo social. Aí acentua-se a complexidade dos sistemas envolvidos na interação familiar nesta fase do ciclo vital da família.

Há um entrecruzamento do ciclo vital da família com os seus membros, tornando-se de grande complexidade a questão das relações intergeracionais com a família extensa. As mudanças ocorrem num contexto onde as necessidades dos diversos membros são diferentes não só em função da fase de vida, mas também dos padrões transmitidos de geração a geração, onde devem ser consideradas também as exigências sociais.

6. À PROCURA DOS MITOS FAMILIARES

Este casos* foram selecionados, juntamente com alguns outros, por certos fatos que chamaram nossa atenção: um adolescente trazido por seu pai com mais de sessenta anos (família João Carlos); um adolescente que não comparece e alega que o problema está relacionado com os seus pais (família de Eduardo); e a solicitação de auxílio para um caso (família de Elisa). Os sobrenomes foram omitidos, e os nomes foram substituídos para resguardar a privacidade das famílias.

Os pais foram convidados a participar de um estudo de sua história familiar, cujos dados seriam utilizados para pesquisa e auxílio no tratamento de seus filhos; o contrato inicial foi de um trabalho a ser realizado no máximo em cinco sessões, com a possibilidade de se continuar esse atendimento, dependendo de acordo posterior.

Os instrumentos utilizados para esse trabalho foram a Entrevista Trigeracional e a Elaboração do Genograma.

A análise trigeracional oferece aos pais a oportunidade de reconstruírem suas histórias através do relato das principais características de seus familiares, atuais e pregressos. Dada a existência da continuidade psíquica entre gerações, que influencia de alguma maneira os membros de uma família, torna-se imprescindível o conhecimento da história familiar de cada um dos pais na averiguação da queixa que se apresenta.

A entrevista trigeracional será semi-estruturada. Ela investiga, ao mesmo tempo, determinados dados a respeito de todos os membros da família tais como: nome, idade, escolarização, estado civil, número de filhos, saúde, profissão e expectativas, aspectos marcantes de personalidade assim outros dados significativos.

Mediante a entrevista trigeracional, o casal irá reconstruir as famílias de origem, no mesmo momento em que pode também expressar as características e situações que foram significativas, vividas entre eles. Ela possibilitará a elucidação dos conteúdos envolvidos nessa

---

* Alguns referem-se à parte de uma pesquisa realizada para obtenção do **grau de mestre** na pós-graduação em clínica, junto à P.U.C. — São Paulo, no ano de 1992.

interação, assim como fornecerá elementos básicos para a compreensão de sua estrutura de funcionamento.

O casal se insere num fluxo temporal muito rico, que apresenta as linhas do presente e do futuro parcialmente traçadas e baseadas em expectativas e exigências das gerações precedentes, donde se infere que a recuperação do próprio espaço geracional é um modo de redescobrir o "si mesmo" individual[1,2]. Na reconstrução das histórias de suas famílias de origem, é possível o reconhecimento de determinados conteúdos ocultos, conflitos não resolvidos assim como o reencontro de seu próprio lugar no tempo.

O genograma é um instrumento que, em forma gráfica, apresenta as informações de maneira a proporcionar uma rápida Gestalt das complexas normas familiares e uma rica fonte de hipóteses. Pode-se perceber a partir daí como o problema clínico pode estar relacionado com o contexto familiar e a evolução tanto do problema como desse contexto através do tempo.

A utilização de genograma, derivado da utilização da teoria de sistemas para tratamento de famílias por Murray Bowen[9], mostrou-se instrumento valioso ao retratar a árvore de relacionamentos na família e suas interconexões no mínimo em três gerações. Atualmente este instrumento torna-se cada vez mais utilizado pelos terapeutas.

O genograma pode ter uma variedade de usos. Como ferramenta de avaliação pode retratar informações estruturais a respeito da história da família, a qualidade dos relacionamentos, bem como os eventos estressantes que influenciam a família no momento[21]. Ele pode ser utilizado como instrumento de intervenção[26], pois ajuda a família a traçar conexões entre seus membros, facilitando o contato entre as gerações, principalmente das pessoas idosas com as mais jovens, no trabalho com grupos de idosos. Pode também ser usado para retratar e avaliar a mudança na qualidade de cada relacionamento, permitindo a comparação da relação entre as pessoas, antes e depois do tratamento. Ao longo do tempo surgem modificações no seu uso, como o genograma computadorizado[22], e o genograma de linha de tempo[20].

* * *

Em geral, no primeiro contato, foi investigado o problema apresentado e dados da família nuclear. Nas outras entrevistas aprofundou-se a investigação da história da família de origem, respeitando-se o ritmo individual das pessoas e o seu próprio aprofundamento nas histórias.

Fez-se a estruturação dos dados necessários em questionários, que serviram ao terapeuta para nortear as entrevistas, respeitando o ritmo e a preferência individual no processo de contar histórias. A partir dos dados compilados, foi organizado o genograma, e feita a análise do caso. O passo seguinte foi realizar uma reunião, viabilizando a apresentação do genograma para a família (com a participação dos adolescentes apontados como portadores de problema pelos próprios pais), e a reflexão a respeito dos mitos familiares.

7. O TRABALHO TERAPÊUTICO: APRESENTAÇÃO DO GENOGRAMA

Reflexão a respeito dos mitos

Este trabalho visa o reconhecimento pela família dos mitos familiares e outros conteúdos que são passados de geração a geração, determinando papéis, funções e expectativas, ao mesmo tempo que organizam pautas na família, sem nunca serem clarificadas, discutidas ou especificadas.

Oferece-se a oportunidade de compreender a vida interna da família, verificar as pautas enrijecidas, os pontos nodais, assim como favorece a vivência dos conteúdos emocionais que permeiam essas histórias, permitindo a verificação dos estressores acumulados. Ao mesmo tempo, no reconhecimento mítico existe a possibilidade do vislumbre de forças e conteúdos que ainda não foram suficientemente aproveitados e que agora, diante dessa oportunidade, podem ser reconsiderados, favorecendo uma nova reconstrução da realidade.

Todos os membros da família participam ao mesmo tempo dessa vivência, expressando seus sentimentos, situando-se num contexto intergeracional e favorecendo a possibilidade de maior compreensão entre si.

A denominação das famílias, partindo do ponto no qual se localiza historicamente o adolescente (família nuclear) facilita o seu denvolvimento no processo e a visualização do contexto da família no qual se situa.

Este trabalho compreende algumas etapas, considerando-se as especificidades de cada caso:

1ª ETAPA — Apresentação do genograma, e oferecimento da possibilidade de todos poderem rever juntos as suas histórias.

Ao mesmo tempo é dada aos pais a oportunidade de recontarem as histórias de suas respectivas famílias aos filhos (os dois pais juntos ou separados).

2ª ETAPA — Rever cada história de família que compõe o genograma, começando-se pelo ramo paterno ou materno e respeitando as preferências. Alguns aspectos a considerar:

a — Quais conteúdos são fortes em cada família?
b — Quais conteúdos podem ter passado para a próxima geração?
c — O que a família sente em relação a isso?

3ª ETAPA — Avaliação dos conteúdos que permearam a família durante esse tempo, verificando-se o seu significado na família nuclear.

a — Se alguns conteúdos foram considerados em seus aspectos negativos, avaliar também os positivos.
b — Avaliar a experiência.

4ª ETAPA — Pensar o problema apresentado neste contexto.

a — Considerar as novas possibilidades que surgem sob essa outra ótica.
b — Considerar os recursos disponíveis agora.

8. A FAMÍLIA DE JOSÉ CARLOS

O sr. Belarmino procura atendimento para seu filho. O problema apresentado pelo pai foi o seguinte:
José Carlos tem 17 anos, não quer trabalhar com o pai na propriedade da família e não gosta de estudar. Não consegue ir bem na escola passando mal, com dores de cabeça, vômitos, e fica doente quando tem avaliações.
"O problema começou quando, após o 1º ano, ele não acompanhou a escola, foi para a classe atrasada, ele ficava muito nervoso e ficava ruim". (pai)

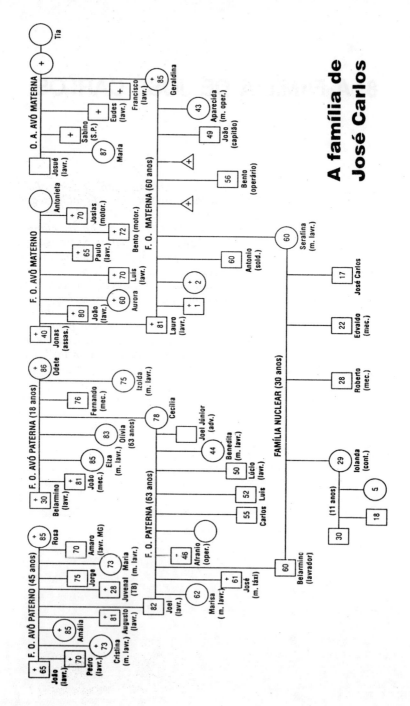

A família de José Carlos

PRIMEIRA FASE: HISTORIAR

Os pais foram convidados a participar do trabalho. O que nos chamou inicialmente a atenção foi a grande diferença de idade entre os pais e o filho adolescente.

Foram necessárias quatro entrevistas conjuntas com o casal para a coleta dos dados, onde foi possível a participação solícita desde o primeiro contato.

Na Família Nuclear:

Casam-se em 1960 o sr. Belarmino e dona Serafina. O marido deixa o emprego na cidade e fixa residência na casa do sogro, passando a ajudá-lo em sua propriedade.

Em 1962, nasce a primeira filha do casal, Iolanda, e posteriormente mais dois filhos, que em idade escolar passam a estudar na cidade mais próxima.

Em 1974, nasce José Carlos, o último filho do casal.

Em 1976, o sogro começa a apresentar problemas de saúde: ele necessita de cuidados médicos e deixa a direção da fazenda para o genro, indo morar na cidade. A partir desse momento efetua-se a divisão de terras: Belarmino compra a terra dos parentes que não querem cultivá-la e assume integralmente a propriedade.

Durante todo esse tempo, os filhos ajudam o pai nas horas que não são necessárias aos estudos: a mãe resolve morar na cidade mais próxima, buscando maior facilidade para as crianças irem para a escola e também para cuidar do pai doente.

Belarmino continua trabalhando na fazenda, para onde se locomove todos os dias.

Iolanda avança favoravelmente nos estudos, enquanto os dois filhos, Roberto e Edvaldo, seguem vagarosamente e sem muito interesse.

Na escola, José Carlos começa a apresentar problemas e é com grande dificuldade que consegue galgar os anos escolares.

Iolanda torna-se contadora, casa-se e vai trabalhar na cidade vizinha, onde estabelece sua moradia.

Roberto, o filho mais velho, sai da escola para aprender mecânica, e não querendo trabalhar com o pai, monta uma oficina.
O irmão Edvaldo, repetente na escola e igualmente recusando-se a trabalhar na fazenda, começa a ajudar o irmão na oficina. Atualmente, José Carlos e Edvaldo moram com os pais.

Na Família de Origem Paterna:

Em 1929, JOEL e CECÍLIA casaram-se ainda bem jovens e foram morar com a família de origem paterna.

À medida que os filhos nascem e crescem, vão se unindo aos pais no trabalho e na manutenção da propriedade.

Morre o avô, que mantinha o poder de decisão na família, inclusive a função de suprir as necessidades básicas das famílias na alimentação e vestuário.

A partir daí a propriedade é dividida, mas o sr. JOEL consegue aumentar sua propriedade, provavelmente com algumas aquisições feitas na família de origem materna.

Os filhos trabalham em sua propriedade, mas a renda e o fruto do trabalho passam a ser divididos entre todos.

Nasce JOEL JÚNIOR, o último filho.

Quando os filhos se tornam adultos, as mulheres se casam e mudam para os lugares de moradia dos maridos.

JOSÉ deixa a família para ser motorista de táxi, em cidade próxima. BELARMINO se aproxima mais do pai e continua a ajudá-lo na fazenda.

Um acontecimento marca a vida de todos: JOSÉ morre assassinado durante o trabalho.

Em seguida as terras da fazenda são desapropriadas para darem lugar a uma barragem, e a família muda-se para a cidade mais próxima, José Júnior se forma advogado.

BELARMINO passa a ser responsável pelos pais já idosos, e vai trabalhar na cidade.

Na Família de Origem do Avô Paterno:

Em 1886, JOÃO, com cerca de vinte anos de idade, casa-se com dona ROSA também jovem, de família de lavradores, moradores da zona rural nas proximidades de uma cidade do interior do estado de São Paulo.

Sua vida transcorre no mesmo local onde moravam desde quando se casaram. Partindo do patrimônio inicial que tinham, de 10 alqueires, com a ajuda dos filhos conseguiram aumentar a propriedade, para setenta alqueires.

    Os filhos mais velhos, ao se casarem, em geral moravam ainda algum tempo na casa sede da fazenda. Gradativamente construíam casas ao redor e passavam a morar com suas respectivas famílias, sendo que a direção da propriedade cabia somente ao pai.

    Mas eis que o sr. João adoece aos 85 anos e morre. A partir desse acontecimento o patrimônio da família é dividido. Nessa divisão, metade dos bens é dividida igualmente entre os filhos e metade da propriedade fica com a viúva dona ROSA.

    O sr. JOEL, que já se mostrava muito ligado ao pai, assume a direção da propriedade. As irmãs MARIA e AMÁLIA se casam com lavradores, vendem a sua parte da terra para o irmão JOEL e se mudam.

    Em seguida, a mãe, sra. ROSA, vai morar com o filho caçula, AMARO, e ele passa a administrar seus bens, motivo de forte conflito na família, principalmente quando ele acaba perdendo parte da propriedade.

    Alguns irmãos se mudam, e após a morte da mãe AMARO vende o que lhe resta da propriedade e vai para outro estado, comprando terras nessa região.

Na Família de Origem da Avó Paterna:

    Dois jovens, em meados de 1906, vindos de famílias de emigrantes italianos, o sr. BELARMINO, com aproximadamente vinte anos de idade, e dona ODETE, casaram-se.

    O sr. BELARMINO era proprietário de terras, pois recebeu de herança 50 alqueires, nos quais passou a trabalhar com a ajuda da mulher, dedicando-se predominantente à produção de café.

    Desse casamento nascem seis filhos, a curto intervalo de tempo entre eles.

    Ao completar 30 anos de idade, o sr. Belarmino morre num acidente, deixando filhos pequenos. Em decorrência desse acontecimento, um tio paterno assume a direção da propriedade, até que os filhos cresçam.

    Gradativamente eles voltam a assumir o cuidado de suas terras. As moças se casam, entre elas CECÍLIA com JOEL que acaba comprando boa parte da herança dos irmãos da esposa, quando esta herança é repartida.

    João deixa a família e vai para outro estado, onde se estabelece como mecânico, e ODETE, doente, vai morar com ISOLDA, já casada.

Na Família de Origem Materna:

Em meados de 1900 nasce o sr. LAURO, que em 1927 casa-se com dona GERALDINA. A partir do casamento passam a viver junto com a família de origem paterna, onde tudo era compartilhado e somente o fogão era separado. Perdem duas crianças pequenas. Os outros filhos ajudavam na lavoura e saíam para estudar na cidade mais próxima. À medida que cresciam se desinteressavam pela vida do campo. ANTÔNIO e JOÃO vão para a cidade seguir a carreira militar, enquanto APARECIDA casa-se com um operário. SERAFINA também se casa e o marido deixa o trabalho que vinha desempenhando há algum tempo na cidade e vai ajudar o sogro na fazenda.

Em 1976, o sr. LAURO vai para a cidade, devido a uma doença, deixando a direção da propriedade ao sr. BELARMINO (genro). O sr. LAURO morre em 1981, e o sr. BELARMINO gradativamente compra parte da propriedade de seus cunhados.

Na Família de Origem do Avô Materno:

O sr. JONAS, casado com dona ANTONIETA, era proprietário de aproximadamente 30 alqueires de terra, fruto de herança paterna e que servia para a criação de gado e exploração da argila para a fabricação de tijolos.

Em 1900, nasce o primeiro filho do casal; logo em seguida nascem outros, que à medida que crescem, ajudam o pai nos afazeres da propriedade.

Quando o sr. JONAS contava quarenta anos de idade, ocorre um acontecimento trágico na família: ele morre abruptamente, com suspeita de ter sido assassinado.

A mãe, com a ajuda dos filhos e principalmente do mais velho, sr. LAURO, continua tocando a propriedade.

Com o passar do tempo, acaba-se a argila, fecha-se a olaria e passa-se a cultivar somente a terra. Os filhos se casam e suas esposas vêm morar com a família. Nascem os netos.

Os últimos filhos, BENTO e JOSIAS, deixam a fazenda e vendem suas partes para assumirem a profissão de motorista.

Na Família de Origem da Avó Materna:

O sr. JOSUÉ nasce aproximadamente no ano de 1873, casa-se com uma jovem por volta de 1903. Essa mulher falece ao dar à luz o quinto filho .

Entre seus filhos estão MARIA como primogênita e GERALDINA, que nasceu em 1906.

Em razão da morte da mãe, uma tia materna vem morar junto com a família para cuidar das crianças.

Os filhos ajudam o pai na fazenda.

SABINO, o segundo filho, decide ir para São Paulo em busca de uma nova vida e nunca mais volta; apenas seu filho, muitos anos mais tarde, vem conhecer os parentes e dar notícias.

Os outros filhos, EUDES e FRANCISCO, continuam a auxiliar o pai na propriedade.

GERALDINA mantém forte ligação afetiva com a tia, cuidando dela quando adoece, até sua morte.

Em 1951, morre o sr. JOSUÉ.

SEGUNDA FASE: COMPREENSÃO DA ESTRUTURA E FUNCIONAMENTO DA FAMÍLIA

A estrutura da família é fortemente influenciada pelo *"Mito da Propriedade"*, justificado como o meio básico para sobrevivência e manutenção da família, e funcionando como mito espinha dorsal, estando presentes extremamente entremeados com este mito o *"Mito da União"* e o *"Mito da Autoridade"*, funcionando como mitos auxiliares.

"A gente vive mantendo a terra, a terra é um sacrifício, é a vida da gente" (mãe, F. Nuclear).

Pode-se confirmar o *"Mito da Religião"*, num complemento ao *"Mito da União"* que mostra sua presença nos nomes de santos de devoção dados a membros da famílias e em determinadas festas religiosas em que muitos da família participam.

"Todos são muito religiosos, a família se reúne muito nessas festas" (F. Nuclear).

O *"Mito da União"* se torna nítido em relação à moradia das famílias, às fazendas que se localizam em lugares distantes dos municípios e os familiares que muitas vezes se agrupam na mesma casa, ou em casas vizinhas "de ameia", objetivando a ajuda mútua, assistência e trabalho em comum.

"Todos tinham que trabalhar juntos porque senão não dava, e todos se ajudavam" (F. O. Paterna).

As pautas determinadas pelo *"Mito da Autoridade"* mostram-se estreitamente entremeadas com o *"Mito da Propriedade"*.

"Tinham que obedecer ao pai, ele sabia o que precisava na fazenda" (F. Origem Paterna).

As pessoas que chegam a esse meio freqüentemente através do casamento são acolhidas e passam a desempenhar o seu papel na família de acordo com uma estrutura de lealdade já preestabelecida, tendo suas funções assim anteriormente determinadas.

"Eles se conheceram na fazenda, foram morar junto com os meus avós para cuidar da fazenda" (F. O. Paterna).

Nesses casos, vemos a colocação de noras, que chegam e são inseridas no papel feminino determinado pela família, e os genros, que, quando moram junto ou perto, assumem o cuidado e a manutenção da propriedade.

A estrutura de lealdade nesta família norteada pelo mito espinha dorsal, "o *Mito da Propriedade*", tem como ponto básico a lealdade e a fidelidade à terra, necessitando de um compromisso, que implica a mobilização de recursos para sua manutenção e preservação.

No relacionamento conjugal, as funções são definidas diferencialmente em relação ao papel feminino e masculino.

"*A educação dos filhos fica mais com a mãe*" (pai, F. Nuclear).

Quanto à casa e seus cuidados, há pouca interferência paterna, em geral excetuando-se a administração de recursos financeiros, quando muitas vezes as compras são realizadas pelos homens com a relação de mantimentos feita pelas mulheres.

Na educação dos filhos, encontramos em todas as famílias a delegação à atuação feminina, e ao homem parece caber a fiscalização desse desempenho, através do qual avalia a função materna.

Os casamentos são de longa duração, os conflitos conjugais não são exteriorizados e não ocasionam crise visível nos casais.

Quando existe a quebra do casal nuclear, principalmente na morte, outra pessoa assume gradativamente o lugar deixado vago.

"*O meu pai nessa época estava com 17 anos, ele junto com a mãe dirigia o trabalho, após a morte do pai*" (F. Origem Avô Materno).

"*Uma tia do pai solteira vem cuidar das crianças que eram muito pequenas, ela nunca se casou, cuida deles até morrer*" (F. Origem Avó Materna).

Na família nuclear, o conflito se evidencia em várias áreas, a mãe é oriunda de uma estrutura familiar que favoreceu mudanças profundas no papel feminino na família.

Pois ANTONIETA (F.O. Avô Materno), a mãe, ao ficar sozinha com os filhos após a morte do marido, assume maiores poderes de decisão na família. Isso se evidencia tanto em relação à educação dos filhos como em outras decisões que se faziam necessárias para a manutenção da família, criando um modelo de maior autonomia para a mulher.

O conflito conjugal presente na família nuclear aparece na luta de poder na família onde SERAFINA opina tanto nos assuntos referentes à administração da fazenda como não permite muita interferência do marido em relação à educação dos próprios filhos.

Na educação dos filhos, há a ênfase sempre presente na obediência à autoridade dos mais velhos, em relação às pessoas que são mais responsáveis pela manutenção do mito; no caso mais freqüente do irmão mais velho, evidencia-se a presença de pautas relacionadas à existência do *"Mito da Autoridade"*.

Na relação com o primogênito se concentram as expectativas de lealdade, muitas vezes fortalecida pelo grande número de filhos (F. Origem do Avô Materno), onde o sr. LAURO assume, juntamente com a mãe, a direção da família após a morte trágica do pai.

Em relação ao caçula, parecem ser-lhe dirigidas as expectativas de resgate tanto do sucesso como da justiça familiar (F. O. Paterna), quando JOEL JÚNIOR é estimulado a estudar.

"Todos se esforçaram para ele estudar, em especial a minha sogra" (F. Origem Paterna).

Mediante a ajuda dos irmãos, consegue alcançar um diploma de nível superior e ser muito bem-sucedido profissionalmente, tornando-se motivo de orgulho para eles.

Em relação ao resgate da justiça familiar, temos a F. Origem Materna, onde após o assassinato do avô e o fato de esse crime nunca ter sido solucionado, o neto, o primogênito Antonio, o último filho homem da família, e JOÃO, enveredam pela carreira militar.

No relacionamento entre irmãos, há diferentes formas de agrupamentos quando há interesses comuns: no caso de dedicarem-se à terra, há ajuda mútua, que pode ser quebrada ou rompida quando há divisão desarmoniosa de terras.

"Metade dos bens ficou com a avó, e o filho caçula é quem ficou cuidando e perde terras" (F. O. Avô Paterno).

Nas famílias numerosas nota-se a formação de subsistemas entre irmãos, os mais jovens e os mais velhos: no envolvimento com a família de origem parece haver uma fusão muito intensa, com grande dificuldade de delineação de limites, evidenciado pelas próprias condições de moradia, onde na maioria das vezes os filhos passam a morar e viver com os próprios pais.

"Quem dirigia tudo, ficava com o dinheiro e comprava sacos de farinha e tecidos para todo mundo" (F. Origem Avô Materno).

Como conseqüência, os avós e tios passam também a atuar como educadores das crianças, sendo difícil a delimitação exata da função de determinadas pessoas dentro da estrutura familiar.

Muitas, vezes diante da dificuldade de relacionamentos, recorria-se a arranjos.

"Era tudo junto, só que tinha vários fogões na mesma casa" (F. Origem Materna).

Em relação às crianças, ao conviverem com várias gerações, passavam a participar de diferentes problemas, sobretudo os ocasionados pela manutenção da terra. Eram solicitadas a engajar-se no trabalho em comum na família, o que pode ser observado no trabalho desenvolvido na "roça".

"Todos trabalhavam na roça, na época da colheita todos iam".

São nítidos, em várias famílias, os cortes bruscos em diferentes momentos; as pessoas rompiam com a família e seus mitos, e, algumas vezes, afastavam-se pelo resto da vida.

"Ele foi para São Paulo e nunca mais voltou" (F. Origem Avó Materna).

No ciclo de vida da família, o nascimento dos filhos é festejado, a vida e a manutenção da família parecem depender diretamente da progenitura ou do filho que assuma a função de guardião do mito; a quantidade de pessoas é também significativa para a própria manutenção da propriedade.

Em geral, o nascimento dos filhos nessa família não parece provocar mudanças muita profundas; há sempre a mobilização de ajuda, em geral da família de origem, para os cuidados com os netos.

Em relação ao casamento, observa-se que a escolha é feita individualmente, mas contando com a aprovação dos pais, que em geral são favoráveis quando a pessoa é também portadora de dote, e passa a fazer parte da estrutura de lealdade da família à qual se vinculou.

"Os genros e noras em geral são chamados de filhos".

A morte nessa família parece ser encarada naturalmente, à medida que isso ocorre com as pessoas bem idosas. Nota-se que os seus membros vivem até idade avançada.

Quando pessoas significativas morrem, deixam um espaço vazio, e quando se trata de pessoa jovem, há aumento de tensão no sistema e se observam vários movimentos.

Para responderem à estrutura de lealdade e manutenção do mito, os familiares mais próximos preenchem o lugar e a função da pessoa ausente.

As pautas transgeracionais se repetem em várias situações. No relacionamento do casal, a mulher assume o papel que lhe cabe na estrutura mítica, como a ajuda ao marido na lavoura, mas mantendo sua área de atuação específica nos cuidados com a casa e educação dos filhos.

Na educação dos filhos, através das expectativas transmitidas e dos problemas enfrentados na manutenção da propriedade, incita-se o engajamento dos mesmos como força de trabalho e pilares sustentadores das crenças da família.

"Não podemos deixar de cuidar da terra, quem vai continuar o meu trabalho?" (pai, F. Nuclear).

Essa situação sofre mudanças quando a família passa a residir na cidade, pois favorece a participação dos filhos em outras atividades, o que vai despertar outros interesses, não só aqueles que se situam em torno do *"Mito da Propriedade"*. As pautas relacionadas ao mito podem assim sofrer modificações.

Na relação com os filhos, evidencia-se uma expectativa maior em relação ao primogênito, que é respondida e respeitada pelos outros irmãos e que se clarifica nos casos já apontados.

Em relação ao nome escolhido para o filho, evidencia-se uma expectativa encoberta de realização ou resgate, quando BELARMINO recebe o nome do avô morto tragicamente. Ou JOEL JÚNIOR que assume o resgate do sucesso na família, estudando e conseguindo um diploma universitário.

No papel feminino estabelecido pela família, as mulheres repetem suas funções num papel predeterminado pela estrutura familiar e formam alianças para sua manutenção.

As alianças no trabalho entre irmãos se tornam necessárias para preservação do mito, o cuidado com a terra, onde se demonstra a presença de pautas determinadas pelo *"Mito da União"*, que funciona como Mito Auxiliar.

"Quando um precisa, todos vão ajudar."

Na família nuclear IOLANDA consegue se formar, vai trabalhar fora e é a única mulher a modificar essa pauta em relação ao papel feminino na família.

O sr. BELARMINO, da F. Nuclear, responde à estrutura de lealdade na família, unindo-se ao pai na manutenção da propriedade, e mais tarde assumindo seus cuidados na velhice.

Posteriormente, devido à perda da propriedade da família, ele passa a trabalhar na cidade: após o casamento com SERAFINA, alia-se ao sogro nos cuidados com a propriedade deste. Assume sua direção integralmente alguns anos depois, quando o sogro adoece, ocupando o lugar dos filhos ausentes.

TERCEIRA FASE: A DISFUNÇÃO NA FAMÍLIA

Podemos perceber que a estrutura familiar evolui procurando garantir a manutenção do *"Mito de Propriedade"*, que se faz presente na estrutura de lealdade da família, que, através da repetição das pautas relacionais, garante sua própria sustentação.

Com o passar do tempo, várias circunstâncias aparecem para desestabilizar essa seqüência: acontecimentos relacionados ao ciclo vital da família, assim como as contingências do dia-a-dia e eventos críticos.

A educação dos filhos começa a se tornar prioritária, as famílias procuram moradia em cidades próximas às propriedades, que de locais de moradia passam a ser considerados apenas lugares de trabalho.

As cidades despertam outros interesses, assim como provocam mudança de estilo de vida, inicialmente no jovem, e posteriormente no resto da família. Esses acontecimentos passam a atuar como estressores em sua relação com o mito.

A morte de pessoas significativas aumenta o estresse nessa família, possibilitando quebras de pautas na manutenção do mito.

Outras circunstâncias acabam favorecendo a mudança, como no caso da F. O. Paterna, onde a necessidade de deixar o local por causa da desapropriação favorece o aumento de tensão na família.

SERAFINA (F. Nuclear) vinda de uma estrutura familiar já com muitas perdas em relação ao mito, traz modificações em relação ao papel feminino, por exemplo, incentivando a própria filha a conseguir uma profissão e trabalhar.

Diante da perda da propriedade (F. O. Paterna) aumentam as expectativas de sucesso na família, e vemos a mãe e outros irmãos ajudando a custear os estudos do caçula JOEL JÚNIOR, que vai resgatar a realização e sucesso na família.

Torna-se visível no relacionamento do casal da F. Nuclear um conflito de autoridade, principalmente em relação à manutenção do próprio mito, com o pai querendo preservar a propriedade com a ajuda dos filhos. A mãe desejando que os filhos estudem e tenham uma profissão, numa tentativa de flexibilização do Mito da Propriedade Material para *"Mito da Propriedade Intelectual"*.

A presença materna faz coalizões com o subsistema de filhos, primeiramente com IOLANDA, para que estude, e posteriormente com ROBERTO, que se casa e deixa a cidade, montando uma oficina. As tensões aumentam; o pai torna-se periférico, o terceiro filho também começa a aprender mecânica com o irmão e abandona a escola.

Em relação ao filho mais novo, JOSÉ CARLOS, vemos as expectativas aumentarem, e a tensão se concentra, por parte do pai, no último filho que poderia ajudá-lo a preservar a propriedade, por parte da mãe na tentativa de repetição da pauta da sogra de conseguir um resgate do sucesso na família. É nítido o conflito pelo poder de decisão em relação aos filhos, que se evidencia pela comunicação da família.

Ao mesmo tempo, JOSÉ CARLOS (F. Nuclear) se tensiona, não recebendo o apoio da mãe para as suas dificuldades. Sentindo-se cobrado, torna-se relutante em relação à escola devido a repetências anteriores e não consegue responder às expectativas paternas.

Os irmãos não o apóiam e, enquanto vive a crise de identidade da adolescência, perde-se nas dúvidas a respeito de si mesmo e de suas próprias possibilidades.

O estresse se concentra no adolescente, pois os conflitos não são discutidos e clarificados, e as suas próprias dificuldades nessa faixa etária não são compreendidas; as cobranças aumentam, os sintomas psicossomáticos aparecem e a ajuda é procurada.

QUARTA FASE: APRESENTAÇÃO DO GENOGRAMA — REFLEXÃO A RESPEITO DOS MITOS

Após essa investigação, foi possível visualizar o adolescente num contexto de padrões intergeracionais e foi sugerida uma entrevista com a família, da qual o adolescente poderia participar.

O objetivo consistiria num reencontro da própria família, o reconhecimento dos conteúdos míticos e a utilização consciente dos elementos disponíveis e necessários para a reorganização das pautas familiares, onde se fizesse necessária.

Para essa reunião utilizaram-se alguns recursos: cartolina, onde foram desenhados os símbolos do genograma, para serem montados na parede da sala de atendimento, de maneira que os pais pudessem manipular o material no tempo em que contavam as suas histórias familiares ao filho.

Relatos significativos:

APRESENTAÇÃO DO GENOGRAMA À FAMÍLIA:

BELARMINO: — (Andando pela sala): *"Esta é a nossa família"*. Contando as histórias frisava:
"Sempre trabalharam na terra".
"Passaram muita força e muito amor pela terra." (F. O. Avós)
"A terra é nossa."
"Tem que se cuidar da terra."
"Eles trabalhavam juntos" (F. Origem).

SERAFINA: — *"Na nossa família muita gente desanimou do trabalho com a terra".*
"Dá saudade das pessoas" (F. Origem Avôs).
"A gente tem que economizar e usar tudo da terra, senão a vida não dá" (F. Origem).
"Hoje a pessoa tem que estudar para se dar bem na vida."
"Eu gostaria que ele tivesse mais vontade de estudar" (a respeito do filho).

JOSÉ CARLOS: *"Puxa! não sabia que tinha tanta gente na nossa família".*
"Muita gente já saiu da fazenda."
"Não gosto de trabalhar na fazenda."
'O pai me chama para ajudar, eu quero fazer outra coisa."

EM RELAÇÃO AO VIVIDO NO TRABALHO:

BELARMINO: *"Foi conversar, a gente nunca faz isso falar: do que passou".*
"Meu pai sempre me passou amor pela terra"... "muita coragem"... "a gente nunca deve perder o que tem."
"É, eu acho que ele (o filho) deve tentar o que é melhor para ele, eu gostaria que ele cuidasse da terra, mas ele tem que gostar..."

SERAFINA: *"As pessoas que passaram nos deixaram muita força, união e trabalho".*
"Eu só acho que o meu filho poderia se esforçar um pouco mais".
"É, eu queria fazer o mesmo que a minha sogra" (F. Origem Paterna).
"É possível conversar."
"Os filhos quando moram na cidade não aprendem a gostar do sítio."

JOSÉ CARLOS: *"É, tem muita gente boa... eles nunca me falaram estas coisas".*
"Eu consigo perceber a preocupação do meu pai."
"Eu preciso encontrar maneiras de outra forma."
"Eu preciso fazer do meu jeito."

EVOLUÇÃO DO CASO:

A partir dessa reunião, a família foi convidada a retornar após um mês para acompanhamento do caso. Nesse período, manifestaram que tudo estava melhorando e que no momento estavam com problemas de saúde do avô na família e se necessitassem de ajuda, procurariam.

JOSÉ CARLOS demonstrou interesse pela psicoterapia individual, manifestando como dificuldade: *"Sinto-me rebaixado, tímido, de fora"*, *"Parece que não faço nada direito".*

No transcorrer da psicoterapia, começa a expressar seus sentimentos, tendo mais aceitação no grupo de iguais.

Resolve arrumar um trabalho como operário numa fábrica, onde tem de alcançar determinada produtividade para ser aprovado no tempo de experiência. Sua tarefa é descascar alho. Apesar de alguma relutância na familia, assume o emprego.

Continua estudando à noite, começa a ser mais respeitado pelos irmãos e considerado pela mãe. Consegue passar no período de experiência na fábrica, sente-se realizado, desaparece qualquer queixa de inferioridade.

Morre o avô, JOSÉ CARLOS fica preocupado, pois algumas terras do avô vão ser divididas. Fala muito dele mostrando o significado deste acontecimento para a sua vida.

Aproxima-se do pai, compra um cavalo para si com seu dinheiro, começa a freqüentar mais a fazenda, melhora o relacionamento com o pai, trabalha *"até quando eu quiser"*, continua estudando e ajudando o pai quando ele precisa.

Após um ano de tratamento, sente-se bem, sem queixas, *"Já tenho um espaço para decidir o que fazer na vida"*. Tem alta.

9. A FAMÍLIA DE EDUARDO

A sra. DIRCE procurou atendimento para o seu filho. O problema: EDUARDO JÚNIOR não gosta muito de estudar, falta às aulas, mente a esse respeito, mostrando-se muito rebelde frente às imposições da família. O adolescente compareceu na primeira entrevista da psicoterapia individual. Posteriormente, alega que o problema da família era a mãe. Os pais foram chamados para uma investigação do caso.

Eles compareceram a quatro entrevistas, sendo uma juntamente com os dois filhos, CAREN e EDUARDO JR.

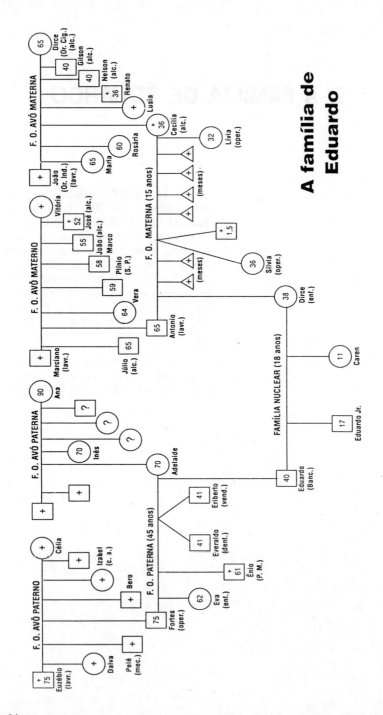

A família de Eduardo

PRIMEIRA FASE: HISTORIAR

Na Família Nuclear:

O casal DIRCE e EDUARDO se conheceu através de amigos comuns, namoraram durante três anos e "tiveram que se casar", pois DIRCE havia engravidado.
Foram morar na casa da mãe de EDUARDO, até poderem se estabilizar financeiramente. Nasce EDUARDO JR. Após um ano e meio de convivência, houve briga com a sogra por problemas domésticos. O casal muda-se para uma casa alugada.
A partir daí, DIRCE começa a trabalhar como faxineira, levando o menino junto; o marido, após o trabalho começa a estudar por insistência da mulher.
Depois de um ano, DIRCE aprende o ofício de manicure, usando essa habilidade para aumentar seu salário nas horas vagas; começa a trabalhar num hospital particular como copeira. Passa a se interessar pela função de enfermagem. Conseguem comprar casa própria.
Fica grávida pela segunda vez, e nasce uma filha, CAREN. Em seguida, faz curso de enfermagem e assume essa função no hospital.
Passa em concurso e ingressa como funcionária pública nessa profissão. Conseguem comprar um carro.
O marido assume um emprego mais estável, enquanto isso faz o curso superior.
Atualmente DIRCE tem dois empregos: um público, e nos fins de semana trabalha com um amiga numa firma que prepara festinhas em casas de famílias.
A família conta eventualmente com a ajuda de empregada para serviços rotineiros, mas muitas vezes fazem a faxina nos fins de semana, tarefa da qual os filhos "têm de participar".
Nos últimos meses, o pai de DIRCE veio morar com ela. Freqüentemente ele passa um tempo na casa de cada filha.

Na Família de Origem Paterna:

FORTES vem de Minas Gerais, juntamente com dois irmãos, para servir o Exército em São Paulo. O casal se conheceu, namoraram pouco tempo e se casaram.

A família com a qual vivia ADELAIDE, tida como filha adotiva, não concorda com o casamento, por causa do cor negra de FORTES.

Eles se casam, apesar da oposição da família. ADELAIDE toma conhecimento de um segredo a respeito de sua origem, rompe com essa família, ficando profundamente revoltada.

O casal tem a primeira filha, e a seguir nascem os outros filhos. O casal começa a conviver com problemas de suspeita de infidelidade, da qual os próprios filhos participam.

O pai, de acordo com os relatos, é dedicado à família, viajando muito devido a sua profissão.

Os filhos crescem, trabalham, mas se dedicam em especial ao estudo por incentivo dos pais. A mãe vai trabalhar para conseguir aposentadoria.

ERIBERTO, o terceiro filho, forma-se em odontologia. Somente nos últimos anos o pai consegue adquirir casa própria, morando sempre na mesma cidade, com residência próxima às dos filhos.

Na Família de Origem da Avó Paterna:

ADELAIDE era filha adotiva dessa família, sendo responsável por todos os cuidados da casa.

Casa-se sem aprovação da família e é rejeitada por ela. Depois soube, através de uma de suas irmãs de criação, a única com a qual mantém contato até hoje, que era parente dessa família, filha de uma empregada da casa com o irmão da mãe adotiva.

Devido à doença da mãe, a criança ficou com a patroa. Ao crescer, desempenha as funções de empregada doméstica, e é tratada sem maiores considerações.

Conhecedora do segredo, ADELAIDE fica revoltada e rompe definitivamente com a família, mantendo apenas alguns contatos esporádicos quando necessário.

Depois de muito tempo, a patroa da mãe natural traz a mesma para que ADELAIDE a conheça e cuide dela, pois essa senhora está quase cega. Durante catorze anos, incluindo dois anos em que ela fica acamada, até a sua morte, a mãe fica sob os cuidados da filha.

Na Família de Origem do Avô Paterno:

Família descendente de africanos, provinda do interior de Minas Gerais.

O pai EUZÉBIO e os filhos trabalhavam como lavradores, quando um dos filhos resolve servir o Exército em São Paulo, com o objetivo de encontrar melhores condições de vida.

FORTES vem para São Paulo e logo traz para essa cidade dois irmãos e uma irmã, ISABEL que se propõe a ajudá-los, ficando apenas uma filha e um filho com os pais.

Após servirem o Exército, estabeleceram-se, com emprego, trouxeram os pais para esse estado e para a cidade onde fixaram residência.

Após algum tempo, os irmãos mudam-se para outra cidade, que oferece melhores condições de vida. Os pais os acompanham.

Na Família de Origem Materna:

ANTONIO e CECÍLIA se conheceram e namoraram durante pouco tempo. Ela trabalhava como empregada doméstica e ele como servente de pedreiro.

Em seguida nasce a primeira filha, que recebe o nome da avó materna, DIRCE.

A mãe pára de trabalhar e engravida. Logo depois, tem consecutivamente duas crianças, que morrem ao nascer. CECÍLIA começa a beber.

Nasce um casal de gêmeos. O menino morre com um ano e meio vítima de sarampo. CECILIA continua a beber, tem outros abortos e dá à luz uma outra filha, que consegue sobreviver.

O casal briga constantemente, os filhos apanham, DIRCE briga muito na escola, o pai arruma uma amante e a sustenta. Faltam alimentos em casa.

A mãe adoece, com problemas no pulmão, mas continua a beber. Morre aos trinta e seis anos de idade.

O pai vai com as filhas para São Paulo. Após algum tempo, deixa as filhas sozinhas. O dinheiro acaba e as dificuldades são enormes.

DIRCE consegue se empregar e colocar as irmãs como empregadas domésticas em casas nas quais possam morar.

Após um tempo, o pai volta, quer ser perdoado. Concedem-lhe o perdão. Montam então uma casa. Logo depois DIRCE engravida, casa-se e volta para o interior de São Paulo.

As outras irmãs casam-se em São Paulo. O pai começa a beber. É trazido para a casa de DIRCE e levado para tratamento. Pára de beber e continua a depender das filhas, morando um tempo com cada uma delas.

Na Família de Origem da Avó Materna:

A família é descendente de indígenas e ciganos.
De acordo com o relato familiar, JOÃO (cujo pai era índio e foi pego a laço para trabalhar na fazenda) casa-se com uma portuguesa de ascendência cigana (DIRCE). Anos depois, passa a arrendar terras e a trabalhar nelas para seu sustento.
À medida que os filhos cresciam, ajudavam o pai no trabalho da lavoura. A mãe começa a beber.
O casal passa a brigar por causa do alcoolismo de DIRCE. O conflito aumenta com o passar do tempo e o casal se separa.
Na separação, o pai fica na fazenda, tendo agora outra função, a de cuidar dos animais, e a mãe vai para a cidade com os filhos.
Na cidade, a mãe e os filhos trabalham como bóias-frias. NÉLSON e GÍLSON tornam-se alcoólatras, e morrem prematuramente.
As mulheres trabalham como empregadas domésticas e lutam com muitas dificuldades econômicas.
Gradativamente, os filhos maiores se casam e saem de casa. DIRCE (avó), sem muitas condições de sobreviver e de se cuidar sozinha, passa a morar com CECÍLIA e falece após alguns anos.

Na Família de Origem do Avô Materno:

O sr. MARCIANO e família, natural de Minas Gerais, vieram para o interior do estado de São Paulo trabalhar na terra como lavradores e em busca de melhores condições de vida.
Os filhos ajudavam os pais na lavoura à medida que cresciam e com muita dificuldade financeira se obtinha o sustento da família.
A filha mais velha, VERA, casa-se e vai morar na cidade mais próxima. Os filhos querem buscar melhores condições de vida e se fixam em diferentes empregos na cidade. Os pais também abandonam o sítio e instalam-se na cidade.
Os outros filhos se casam. JOSÉ, filho caçula, começa a beber, o que faz até a sua morte, aos 52 anos. JOÃO, o sexto filho, começa a beber também após a aposentadoria, Plinio vai para São Paulo.
A família continua morando na mesma cidade e vivendo da aposentadoria do Funrural até a morte dos pais.

SEGUNDA FASE: COMPREENSÃO DA ESTRUTURA E FUNCIONAMENTO DA FAMILIA

Vamos encontrar uma configuração especial de estrutura familiar, onde prepondera fortemente o *"Mito de Luta"*, como mito espinha dorsal em que, através dos anos, desde as primeiras gerações dessa família, existem situações de muita pobreza e sofrimento. Outros mitos funcionam como auxiliares, como o *"Mito da União"* e o *"Mito da Propriedade"*.

A luta pela sobrevivência se faz prioritária e as famílias se unem para trabalhar juntas ou para melhorar de vida nessa luta comum.

"A vida era muito dura, tinham que lutar, senão morriam de fome".... *" Tinha muita necessidade"* (F. O. Avós Maternos).

"Eles vieram para São Paulo para melhorar de vida; eram muito unidos" (F. Origem Avô Paterno).

Encontramos presente na F. Origem Paterna, como determinante de muitas pautas, o *"Mito da Propriedade Intelectual"*, atuando além dos aspectos materiais, pois, à medida que essa necessidade básica parece sanada com um emprego estável do pai, o mesmo valoriza e incentiva a educação dos filhos, priorizando-a como forma de luta pela ascensão social.

"Meus pais sempre fizeram tudo pelos filhos, meu irmão conseguiu se formar como dentista".

Vemos a vida de uma criança DIRCE (na F. Origem Materna), que tem o mesmo nome da avó que era alcoólatra, transcorrer em situações das mais difíceis, diante do alcoolismo da mãe e agressões físicas constantes por parte dos pais, agravadas pela carência de recursos materiais.

"Da minha mãe, me lembro sempre bebendo, e a minha avó também".
"Eu apanhava muito, e não sabia por quê" (DIRCE).

Pressionada pela estigmatização da ascendência cigana, esse quadro é agravado após a morte da mãe, devido ao desamparo sentido pelo abandono paterno, que deixa as filhas sozinhas em São Paulo. Difíceis condições de vida se fazem presentes em uma cidade estranha.

E nessa situação, mesmo diante desse sentimento de desagregação e distanciamento, fruto das adversidades da vida, DIRCE consegue resgatar como um dos valores básicos, essenciais das famílias de origem, toda a força e energia do *"Mito de Luta"*.

As tensões se acentuam, a luta para DIRCE se torna árdua, o ritmo incessante:

"Se eu não lutasse com toda a minha força, hoje eu seria uma alcoólatra ou uma prostituta".

Há então uma rigidificação no sistema de crenças, o comportamento se torna compulsivo, servindo de sustentáculo para as realizações que passam a ocorrer.

"Não consigo parar de lutar" (DIRCE).

No relacionamento conjugal, há fortes conflitos nas famílias de orígem (F. O. Materna e F. O. Avó Materna) onde o alcoolismo serviu como fator agravante ou desencadeante dos mesmos.

"Ela começa a beber, ele não agüenta" (F. O. Avó Materna).

A suspeita de infidelidade (F. Origem Paterna) é vivida por toda a família, nela gerando alguns movimentos.

"Eu fui me afastando da minha mãe e me aproximando mais de minha irmã, até ela casar e ter filho" (Eduardo, F. O. Paterna).

É nítida (F. O. Avós Paternos e Maternos) a despreocupação pela educação dos filhos, pois estes servem como fonte de renda e amparo para os pais, priorizando-se a "luta pela sobrevivência". Esse objetivo é acionado pelas próprias dificuldades financeiras dessas famílias.

Os filhos das famílias de pais lavradores, desde cedo eram engajados no trabalho da lavoura, buscando tirar da terra seu sustento e aprendendo a trabalhar com os próprios pais.

"Trabalhavam todos na lavoura, lutavam juntos na lavoura" (F. O. Avós Maternos).

Na F. Nuclear vemos se acentuar o conflito quanto à educação dos filhos, quando para nortear a conduta se utiliza apenas o código de valores dos próprios pais.

"Ele não quer melhorar de vida" (Mãe sobre Eduardo Jr., que atualmente trabalha em um escritório).

"A mãe quer saber sempre como compra suas coisas, quanto pagou, o que faz com o dinheiro" (Pai, F. Nuclear.)

Na relação entre irmãos, vemos os mitos unindo os filhos, onde os subsistemas se agrupam e juntos tentam mudanças de condições de vida. Entre os irmãos há uma nítida proteção dos mais velhos, que dirigem os mais novos nas mudanças.

"Eu tive que cuidar das minhas irmãs" (F. O. Materna). Observam-se cortes bruscos ocasionados por tensões advindas de segredos de excessivo conteúdo emocional (F.O. Avó Paterna), quando ADELAIDE rompe com a família adotiva ao descobrir sua verdadeira origem, assim como a distância física de alguns familiares que ficaram em Minas Gerais favorece a quebra de pautas relacionadas ao *"Mito da União"*.

No ciclo vital verifica-se a repetição de pautas transgeracionais, o nascimento dos filhos em geral é festejado e encarado como mais uma das contingências da própria vida. Em geral não provoca mudanças muito profundas, sendo que os filhos mais velhos ajudam a criar os mais novos.

À medida que os filhos passam a ter uma certa idade, ajudam nas tarefas caseiras, ao mesmo tempo em que procuram maneiras de trabalhar e aumentar a renda familiar.

Como vemos, em várias famílias as filhas desde cedo trabalham como empregadas domésticas. Quando começam a ganhar seu sustento, surge a expectativa de terem suas próprias famílias.

"Era preciso cuidar da própria família" (F. O. Avó Materna).

Na velhice, em geral os pais são amparados e sustentados pelos filhos, em geral pelas mulheres, com as quais as alianças afetivas são mais intensas.

"A minha avó só se dava bem com duas filhas que cuidaram dela até morrer" (DIRCE, F. Nuclear).

A morte em geral é encarada como natural e previsível na condição do alcoolismo, sendo que serve muitas vezes de reavaliação dos valores que norteiam as próprias crenças, assim como possibilita a mudança dos mesmos.

"A minha mãe morreu tão nova" ... *"me marcou tanto, para que isso nunca aconteça comigo"* (DIRCE).

Na maneira de lidar com os problemas, quando estes decorrem das próprias condições de vida, como dificuldades rotineiras, ou problemas mais sérios, como morte ou aborto na família, há grande possibilidade da ingestão de bebidas alcoólicas tanto em mulheres como em homens.

"Muitos começam a beber"... (DIRCE, F. de O. Materna).

No relacionamento conjugal, os conflitos se repetem e se sucedem em três gerações, desencadeados por diferentes tipos de problema, mas sendo comum o esfriamento afetivo e distanciamento emo-

71

cional, bem como a dificuldade nítida de comunicação e de resolução de problemas.

Na repetição de nomes, há uma expectativa de lealdade presente quando os filhos recebem o mesmo nome dos pais e avós.

"Todos os nomes na minha família começam com E por causa do meu avô" (EDUARDO).
"Me colocaram o nome da minha avó, para continuar a ser um pouco cigana" (DIRCE).
"E o meu filho repete o meu nome... era o primeiro homem" (sobre JR.).

O *"Mito da Propriedade"* mostra-se entremeado com o *"Mito de Luta"*, à medida que determina pautas para sua sustentação.

"É necessário sempre estar comprando algo... estar empregando bem o dinheiro."
"É bom ver o resultado de nosso trabalho, e da nossa luta" (DIRCE, F. Nuclear).

TERCEIRA FASE: A DISFUNÇÃO NA FAMÍLIA

A estrutura familiar vai evoluir através do tempo, garantindo a sustentação do *"Mito de Luta"*, e reagindo também a algumas condições especiais.

De acordo com as contingências da própria vida, as crises desencadeadas vão colaborar para a repetição de pautas de alcoolismo na família.

A carga emocional envolvida devido ao alcoolismo da avó e da mãe (F. O. Materna), vai dificultar a comunicação e a convivência, assim como os afastamentos e rompimentos muitas vezes quase definitivos com a família vão favorecer perdas de força no *"Mito da União"*.

Estas famílias se caracterizam pelo desligamento e desagregação. Seus padrões de funcionamento repercutem fortemente na F. O. Materna, onde ANTONIO se apresenta como marido frio e agressivo e CECÍLIA reage aos problemas através do alcoolismo, sendo acompanhada pela mãe, DIRCE (avó). Surge então um conflito permanente nesse relacionamento, que vai prejudicar o desenvolvimento dos próprios filhos, somando-se às próprias condições de pobreza.

Por outro lado, na F. Origem Paterna, o segredo da própria origem, o abandono e displicência na criação de ADELAIDE, assim como a revolta e baixa auto-estima da qual ela se investe, desencadeiam dificuldades sérias no relacionamento conjugal. Eles atuam como elementos altamente estressantes que repercutem diretamente na formação da personalidade dos filhos, principalmente em EDUARDO, que faz uma triangulação com a irmã EVA no seu relacionamento com a mãe.

Na própria história familiar os papéis masculinos e femininos não se encontram devidamente satisfatórios, nem suas funções mantidas, como na F. Origem Materna. O que se mostrava feminino não era agradável, como a *"roupa rodada da mãe"*, ou *"o lenço no pescoço da avó"*.

A situação de alcoolismo dessas mulheres dificultava uma possível identificação com esses papéis; aliada às condições do próprio casamento (*"ele casou comigo pela criança"*), atuam como elementos altamente conflitivos.

Assim, na competição que estabelece com a própria vida, DIRCE (F. Nuclear) assume constantemente a direção da casa e da vida das pessoas.

Demonstrando um relacionamento altamente competitivo com o próprio marido, com nítida dificuldade de padrão complementar em qualquer área do relacionamento, favorece as saídas do marido, o que determina a manutenção da suspeita da infidelidade conjugal, aumenta sua reatividade a assumir um papel tido como feminino.

"*Todos os homens dessa família são mulherengos*" (DIRCE, F. Nuclear).

Acomodando-se ao jogo, EDUARDO incita e provoca os ciúmes da esposa, tornando-se periférico nos assuntos familiares e educacionais dos filhos, frisando em relação à esposa que "*ela diz que é assim e não vai mudar*".

Em todo o sistema há um acúmulo de tensões; as advindas no sentido vertical das gerações anteriores, num cruzamento com as presentes (na F. Nuclear) diante do conflito conjugal, acrescidas das dificuldades pela faixa etária dos filhos, favorecem o comportamento do adolescente no questionamento a respeito do estilo de vida da família e sua revolta em relação às atitudes dos pais.

Mantendo na Família Nuclear o "*Mito de Luta*" com pautas extremamente rigidificadas, desde quando as aquisições eram muito necessárias, como melhores condições de trabalho e de habitação, até o momento em que suas necessidades são vistas como supérfluas pelos familiares, DIRCE é duramente criticada pelo filho.

"*Eu não preciso de nada*" (JR. na F. Nuclear).

Nessa compulsão à repetição a todo momento, DIRCE necessita do controle de todas as situações, inclusive da vida do próprio filho, verificando até como ele gasta seu próprio dinheiro.

A mãe procura ajuda para o filho, e o filho diz que quem precisa de ajuda é a própria mãe.

QUARTA FASE: APRESENTAÇÃO DO GENOGRAMA "REFLEXÃO A RESPEITO DOS MITOS"

RELATOS SIGNIFICATIVOS:

EDUARDO:
"Eu gostava tanto da minha tia. Até hoje sonho com ela" (F. O. Avô Paterno).
"A minha mãe sempre foi muito revoltada" (F. Origem).
"É, a vida dela sempre foi muito difícil...."
"É, eu tenho uns traumas com a minha mãe."
"Meu pai era religioso, e nos ensinou a não ter vício."
"Se não fosse ela (DIRCE) a gente não estaria, como estamos agora."
"Eu gostaria que a DIRCE parasse de trabalhar tanto, ficasse mais com a gente."

DIRCE:
"Eu acho que ele devia cuidar mais da família dele" (F. O. Paterna).
"É, ele tem dificuldade de entender a mãe dele" (F. O. Paterna).
"Eu acho que esqueci do passado, eu soube superar, eu soube subir, eu soube lutar" (F. Origem Materna).
"Esta família me deu grande sofrimento... era uma grande porcaria... (e chora) (F. O. Avós Maternos).
"Na minha infância, eu achava normal ter uma família assim, eu não sabia a diferença."
"Mas sempre eu quero comprar mais alguma coisa, mas vou tentar parar."

EDUARDO JR.:
"É, coitada da minha avó."
"Não precisa ficar grudado para mostrar que se gosta" (F. O. Paterna).
"O meu pai é que tem que estabelecer como se deve gostar."
"É, o que meu avô não fez pela minha mãe, a minha mãe fez por ele."

"*É, a minha mãe sempre foi tão legal.*"
"*Sabe, mãe, eu estou com você..., só que não precisa mandar na gente o tempo todo.*"
"*Eu não quero mais nada... está bem o que tenho.*"

CAREN:
"*A minha avó é uma pessoa muito legal.*"
"*A minha mãe é muito preocupada.*"
"*Eu sempre ajudo a minha mãe.*"
"*O Júnior não precisa responder assim ...*"
"*A minha mãe sai e o meu pai também.*"

SOBRE O VIVIDO NO TRABALHO:

EDUARDO:
"*É, a minha mãe sofreu muito.*"
"*É, talvez agora, eu entenda ela um pouco mais*" (a respeito da mãe, F. O. Paterna).
"*É, deu pra gente pensar melhor, eu acho que todos temos que colaborar.*"

DIRCE:
"*É, vou tentar parar, quero ver... se vocês me querem dentro de casa.*"
"*E eu não sei se consigo.*"

EDUARDO JR.:
"*Eu achei ótimo, porque não sou só eu que tenho problema, todo mundo tem um pouco.*"
"*Eu gosto muito da minha mãe, é só ela não me encher muito que eu fico nervoso.*"
"*Foi muito legal, eu não sabia de tanta coisa.*"

CAREN:
"*Gostei muito das histórias, eu não sabia, fiquei triste por causa da minha avó*".
"*A minha mãe não precisa ficar tão nervosa, todo mundo já se cuida.*"

EVOLUÇÃO DO CASO:

A família não se dispôs a voltar para acompanhamento quando lhe foi colocada a opção de decidir sobre o assunto. Mostraram-se satisfeitos com o ganho obtido e iriam pensar sobre a experiência. Estavam tentando se reorganizar.

Após seis meses, Dirce solicitou encaminhamento para psicoterapia individual, *"para rever algumas coisas da infância"*. Disse que a família estava bem e se precisasse de ajuda, a procuraria.

10. A FAMÍLIA DE ELISA

Este trabalho focaliza a família de Elisa, encaminhada da área de atendimento ao excepcional, para um estudo visando colaborar com o tratamento deste caso.

Foram necessárias três entrevistas com o pai, uma conjunta com a mãe e uma com toda a família.

A participação da mãe foi relutante e só foi conseguida nas duas últimas entrevistas.

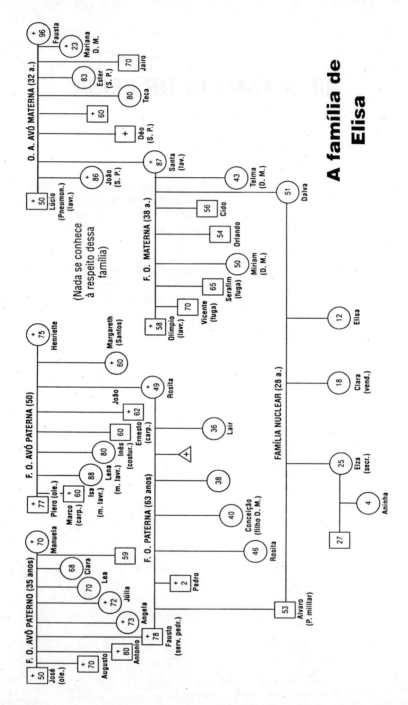

PRIMEIRA FASE: HISTORIAR

Na Família Nuclear:

O casal ÁLVARO e DOLORES se conheceu através de pessoas da família materna, com quem o rapaz já tinha relações de amizade. Namoraram durante três anos com algumas separações. Nessa época o marido já trabalhava como policial havia dois anos. A partir do casamento houve um envolvimento muito grande com a família de origem materna.

Nasce a primeira filha, em seguida compram a primeira casa, onde passariam a morar nos próximos 21 anos.

Logo nasce a segunda filha, e somente após cinco anos nasce ELISA.

A filha mais velha, ELZA, engravida com catorze anos, casa-se mas vive com o marido apenas alguns anos. Volta para a casa dos pais com uma filha pequena.

Quando ELISA completa 4 anos procuram ajuda pelas dificuldades que ela apresenta em relação à aprendizagem.

A família descobre que a menina é portadora de três anos de retardo de desenvolvimento.

Inicia-se uma busca de tratamento com vários profissionais, durante seis anos, com pequenas interrupções.

Durante esse tempo, ÁLVARO ajuda a sogra nos cuidados da família de origem materna, *"que sempre se encontra com muitos problemas"* de saúde e financeiros.

Após a morte da sogra, ele assume o cuidado dos membros mais necessitados da família. A cunhada, que é doente mental há quatro anos, ao sair da hospitalização, passa a residir com a família, enquanto o cunhado que vive de recolher papel se alimenta com eles.

Segundo colocações dos pais, a melhora da filha nos últimos anos foi mínima em relação aos tratamentos a que se submeteu.

A família se diz pressionada por ter que cuidar da irmã *"doente da cabeça"*, pois não existe outra pessoa que possa assumir esse compromisso.

Na Família de Origem Paterna:

Filhos de imigrantes italianos, FAUSTO e ROSITA se conheceram nas festas de fazenda na região em que residiam, logo se casaram e no mesmo ano nasceu o primeiro filho, ÁLVARO. Algum tempo depois a mãe tem uma outra criança, que morre com "problema de infância" aos dois anos.
O casal decide mudar-se para uma cidade próxima. FAUSTO vai trabalhar em uma olaria num emprego melhor, mas aí sofre um assalto que o deixa muito traumatizado. Retornam para a antiga cidade, onde volta a trabalhar como servente de pedreiro, profissão que vai exercer durante toda a sua vida sem nenhuma tentativa de mudança.
Depois de um bom tempo, nascem mais quatro meninas. O casal passa a ter problemas de relacionamento.
Devido às cruciais dificuldades financeiras, ROSITA lava roupa para fora e ÁLVARO, com oito anos de idade, começa a trabalhar e a participar das festas e *"ganhar seus primeiros presentes"*.
Com o passar do tempo, ÁLVARO muda de emprego, passa de ajudante de serralheiro a vidraceiro, até conseguir um emprego em um escritório. Faz concurso e entra na Polícia Militar, assumindo funções administrativas.
A família continua morando em casa de aluguel, a mãe ROSITA adoece e morre aos 49 anos.
A filha ROSITA casa-se e compra uma casa na COHAB e leva o pai e as irmãs para morar com ela.
FAUSTO falece em 1988.

Na Família de Origem do Avô Paterno:

Família de imigrantes italianos, JOSÉ e MANUELA vieram da Itália casados para o Brasil, em busca de melhores condições de vida.
Estabeleceram-se em B. (SP), com o objetivo de trabalhar em olaria. Arrendaram terras e passaram a explorar a argila. Os filhos nascem, crescem e ajudam o pai no trabalho.
JOSÉ cai vítima de pneumonia e vem a falecer.
Manuela, com alguns filhos ainda bastante jovens, se desloca para outra cidade, à procura de trabalho.
Acaba montando uma pequena sorveteria com o filho mais velho AUGUSTO, onde FAUSTO colabora vendendo sorvete para viver.

Na Família de Origem da Avó Paterna:

Imigrantes italianos, PIERO, mulato, de ascendência africana, e a esposa HENRIETTE, de origem francesa, descendente de família nobre.
Estabeleceram-se em P. no interior de São Paulo, onde começaram a trabalhar em olaria.
Nasce o primeiro filho, MARCO. O casal retorna à Itália para rever a família de origem, ficando lá aproximadamente uns dois anos.
Novamente no Brasil, retornam ao trabalho da olaria, onde PIERO, além disso, confeccionava pisos para casas e fazia serviços de carpintaria. Nasce ROSITA.
Logo a família muda-se para a cidade, continuando a trabalhar na olaria, onde todos os filhos ajudam o pai.
Gradativamente os filhos se casam e procuram outras colocações. MARCO aprende carpintaria com o pai; ROSITA se casa e muda de cidade.

Na Família de Origem Materna:

Chegando da Bahia ainda jovem, OLÍMPIO começa a trabalhar na lavoura, conhece SANTA e passa a namorá-la.
Depois de pouco tempo, os dois casam-se somente na igreja e o casal vai para outra região trabalhar como lavradores.
Nascem os primeiros filhos. Logo após mudam-se para outra cidade, em busca de melhores condições de trabalho.
Ao crescerem, os filhos ajudam os pais na lavoura. O casal não vivia muito bem e *"o pai sempre triste, vivia trancado no quarto"*.
A família se estabelece trabalhando como colonos.
Quando jovens, os filhos mais velhos fogem para casar (VICENTE e SERAFIM).
OLÍMPIO adoece e a família vai para outra cidade; os filhos começam a trabalhar e SANTA lava roupa para ajudar no orçamento da casa.
MÍRIAM, a terceira filha, adoece, e é diagnosticada como doente mental (DM). O marido cuida dela, passando por um período *"não muito bem da cabeça"*. Logo ela vem a falecer.
Em seguida, TECA, irmã de SANTA, que vai para São Paulo cede sua casa para a irmã cuidar de sua mãe FAUSTA e da sua filha TELMA, que começa a adoecer e é diagnosticada como DM.
FAUSTA falece, TELMA e DALVA se casam. TELMA é abandonada pelo marido por causa das crises.

Na Família de Origem do Avô Materno:

A respeito dessa família, nada se conhece. OLÍMPIO nunca se referiu a suas histórias de família e não manteve contato com esses familiares.

Na Família de Origem da Avó Materna:

FAUSTA e o marido, uma família de colonos mineiros, estabelecidos em Minas Gerais, decidem buscar melhores condições de trabalho no estado de São Paulo, onde trabalham como lavradores, os pais contando com a ajuda dos filhos.

O pai adoece e falece de pneumonia, a mãe fica com os filhos ainda pequenos na lavoura, mas diante de dificuldades financeiras decide ir para a cidade mais próxima, onde as dificuldades se acentuam. FAUSTA também tem de trabalhar como empregada.

A filha mais nova, MARIANA, adoece aos 15 anos e é tida como DM, sendo então cuidada pela mãe, vindo logo a falecer.

JOÃO e DEOCLIDE vão para São Paulo em busca de novas oportunidades. SANTA, TECA e ESTER se casam.

FAUSTA vai morar com TECA e ajuda a criar os netos; mais tarde, TECA vai com os filhos para São Paulo e SANTA cuida de FAUSTA, até sua morte.

SEGUNDA FASE: COMPREENSÃO DA ESTRUTURA E FUNCIONAMENTO DA FAMÍLIA

Na análise dessa família vamos encontrar uma estrutura fortemente influenciada pelo *"Mito da Doença"* como mito espinha dorsal, onde a doença mental, repetida por várias gerações, favorece determinadas pautas de funcionamento familiar que vão se enrijecendo com o passar do tempo; outro mitos auxiliares compõem a estrutura mítica, *"Mito da Ajuda e Cuidado"*.
"Eu me dediquei à família desde o ínício do casamento... eles precisam de ajuda"
"Sempre é uma luta, com doença na família" (ÁLVARO) (F. Nuclear).

Os conflitos não clarificados e resolvidos, assim como o estresse acumulado, vão causando o rompimento e distanciamento de determinados membros da família, enquanto entre outros se fortalece a ajuda mútua.
"Tem muita gente que se distancia e não liga para os outros" (ÁLVARO).

Há evidente cruzamento tanto de estressores verticais, vindos das gerações anteriores, como de horizontais, diante das expectativas de futuros eventos dramáticos (a repetição de D.M.).
"É, sempre aparece problema..."
Visto que esse movimento de rompimento e aglutinação se altera em diferentes momentos, as tensões aumentam quando os filhos estão próximos à adolescência, sentida como "idade fatal".
"Esses problemas sempre acontecem quando se fica mocinha."

A morte na família colabora também para esse movimento de rompimento e aglutinação de pessoas.
"Quando a minha sogra morreu, eu gostava muito dela, tive que cuidar dos outros, muitos se separaram, a família é muito enrolada."
"Dois filhos foram para São Paulo, e quase nunca mais apareceram, fazendo a vida por lá" (a respeito F. O. Avó Materna).

"Outros filhos se uniram para cuidar da mãe doente."
O pai OLÍMPIO, na f. de origem materna, vindo de outro estado para São Paulo, sem família, sem história, revela-se uma pessoa deprimida e distante, desencadeando o aparecimento do conflito conjugal e o posterior afastamento dos filhos. Isso favorece o aumento de tensão na família, a dificuldade de resolução dos problemas, assim como o distanciamento e a fuga de alguns de seus membros.
"O pai era sempre triste, vivia trancado no quarto, não dava pra falar com ele" (Dalva).
"Os meus irmãos fugiram para casar e depois ficaram na cidade" (F. O. Materna).

Por outro lado, PIERO, imigrante italiano, dotado de muitas habilidades, ao cuidar da família, passa para gerações futuras, em especial para ÁLVARO a dedicação ao trabalho e o cuidado com a família, favorecendo a configuração do *"Mito da Ajuda e Cuidado"*.
"Minha mãe sempre foi muito ligada em mim, e eu com meus avôs." *"Eu adorava o meu avô, e queria ser como ele... ele sabia de tudo, e sempre cuidava de todos."*
"Eu acho que escolhi essa profissão porque eu gosto de cuidar das pessoas... agora já me aposentei" (ÁLVARO).

Na família de origem materna, além das dificuldades de comunicação e participação geradas pelo comportamento do pai, existia uma acentuada preocupação com a sua saúde física e mental, gerando um distanciamento entre todos os membros da família.
"Cada um comia no seu canto, separado" (DALVA).
Os relacionamentos conjugais mostram-se com conflitos presentes, assim como a morte prematura dos maridos ocasiona muitas mudanças na estrutura dessas famílias.
"Logo o pai vem a falecer; os filhos decidem vir para a cidade; sem o pai não querem ficar no campo" (F. O. Avó Materna).

A doença mental sempre presente e sendo repetida na família, provoca pautas que favorecem determinada concepção de mundo e expectativas, frente aos próximos acontecimentos, que clarificam a presença do *"Mito da Doença"*.
"A minha irmã MÍRIAM ficou ruim da cabeça, o marido dela passou muito mal também, logo morreu..." (DALVA).

"*A minha outra irmã, TELMA, desde mocinha começou a piorar... hoje não cuida nem dela.*" "*Minha sogra tratava ela como bebê... não deixava fazer nada*" (ÁLVARO).

Na família nuclear os padrões de relacionamento entre marido e esposa mostram-se compensatórios, tendo cada qual os seus papéis e funções definidas, com grande número de pautas determinadas pelo "*Mito da Ajuda e Cuidado*".
"*Nós nos damos muito bem, ela cuida dentro de casa, e eu, fora.*" Mostra-se comum a verbalização de como cada um precisa do outro (em relação às muitas pautas de cuidado, principalmente as diretamente associadas à doença), havendo também preocupação do marido em relação à mulher mostrar-se "*quieta e calada*", fazendo-se presente o fantasma da doença.
"*Ela era muito fechada, e quieta, hoje ela já melhorou... mas só gosta de ficar em casa*" (ÁLVARO).

Na família nuclear as filhas parecem viver dificuldades de relacionamento com os companheiros, estando ELISA já separada do marido e com uma filha de quatro anos que os pais ajudam a criar.
"*A nossa neta ANINHA fica conosco, pois a mãe trabalha, eu é que vou nas reuniões da escolinha*" (ÁLVARO).

Entre irmãos, o "*Mito da Doença*" promove movimentos de separação e alianças nos subsistemas da família; os problemas são ampliados na convivência e manutenção do mito, como quando os filhos se unem para ajudar a mãe a cuidar das irmãs doentes.
"*A TELMA (DM) mora com a gente, eu fico preocupado da convivência dela com a minha filha ELISA*" (F. Nuclear).

Na F. O. Avó Paterna já se mostra presente o interesse com o futuro profissional dos filhos, pois PIERO já os encaminha às habilidades de que era dotado, ensinando-lhes uma profissão.
"*Ele era formidável, fazia de tudo, mexia com argila, fazia cerâmica, carpintaria, e cuidava bem da família, e ensinava para todos os filhos*" (ÁLVARO).

No envolvimento com a Família de Origem, quando os filhos se casam, há uma gradativa separação e a formação de vários subgrupos dos mais afastados e dos mais próximos.
"*A turma de São Paulo, eles ficam lá entre eles.*"

Observa-se nas mudanças do ciclo vital que o nascimento dos filhos não é festejado, sendo encarado como uma contingência da própria vida.

Quando atingem a adolescência, os filhos saem de casa para se casar ou trabalhar fora. Esse fato é evidenciado na Família Nuclear quando as duas jovens adolescentes engravidam e saem de casa. Essa fase gera muita angústia e é vista na família como "fase fatal".
"É muito preocupante quando elas ficam mocinhas."
Na velhice e na doença, há ajuda de uma filha que assume o compromisso de lealdade da família.
"Sempre uma filha cuida da mãe."

Na repetição de pautas transgeracionais é comum a doença mental (DM) que é repetida no caçula, assim como há repetição de pautas de ajuda, fuga e a mesma maneira de lidar com o problema da doença.
"A doença sempre é uma preocupação."
As alianças são feitas buscando-se a resolução de problemas básicos da família, tais como ajuda a pessoas doentes, o fortalecimento no comportamento de afastamento da família (pessoal de São Paulo), alianças de ROSA com os próprios pais, em que PIERO se torna um modelo de identificação para ÁLVARO (Família Nuclear).
"As pessoas sempre procuram ajuda naqueles que estão mais próximos."

Após o casamento, ÁLVARO repete as pautas de ajuda, dedicação e trabalho recebidas do avô materno, direcionadas à Família de Origem Materna, havendo um conseqüente distanciamento da sua própria família de origem após a morte da mãe.
"Após a morte de minha mãe eu me dediquei a cuidar da família de minha mulher."

Na família, a presença dos rituais clarifica pautas de relacionamento, tal como na família de origem materna e paterna, onde durante a alimentação as pessoas comiam a sós "por conta", cada qual com o seu prato.
"Ali cada qual era por conta." (DALVA)
Tais rituais, como a ausência de festas e comemorações na família de origem paterna, tornam-se presentes na família nuclear, à qual a família de origem materna vinha se reunir.
Atualmente é obrigatório o almoço no final de semana em casa de ÁLVARO, num claro ritual de manutenção do *"Mito de Ajuda e Cuidado".*

TERCEIRA FASE: A DISFUNÇÃO NA FAMÍLIA

Com o passar do tempo a estrutura familiar sofre a repercussão de acontecimentos que fortalecerão o *"Mito da Doença"*, causando um acréscimo de tensão na família, no movimento vertical.

Esta tensão cresce, igualmente, a cada momento em que as dificuldades se fazem presentes, nas dificuldades de ELISA, que se atenuam a longo prazo e que atuam como estressores desenvolvimentistas.

Diante da possibilidade da repetição do já visto, a família se rigidifica em relação a determinadas pautas repetitivas. Isto fica demonstrado na busca de ajuda compulsiva para a filha, a mudança constante de profissional, numa clara demonstração de ansiedade frente aos resultados do tratamento.

Vários pontos do ciclo de vida dessa família favorecem o aumento de tensão, como as mortes prematuras na F. O. Avó Materna.

O posterior casamento de SANTA, o segredo que envolve o casamento e a família de OLÍMPIO, assim como seu constante comportamento depressivo e distante, aumentam a tensão e o distanciamento entre os membros da família.

Na F. O. Avó Paterna, a filha ROSITA casa-se com FAUSTO. No casal cedo se evidenciam conflitos de difícil solução, pois Fausto mostra-se uma pessoa sem ambições e habilidades, muito diferente de PIERO, pai de ROSITA.

Já na F. de O. Paterna, os conflitos não resolvidos e a morte do filho de 2 anos, fazem com que ROSITA, a mãe, concentre toda a sua atenção e dedicação em ÁLVARO. Aproxima-o do seu próprio pai como modelo, o que favorece também a manutenção do relacionamento frio e distante entre pai e filho.

Na F. de O. Paterna o *"Mito da Doença"* se faz presente e sofre acréscimo, mais tarde, quando um sobrinho, filho de CONCEIÇÃO (irmã de ÁLVARO), aos quinze anos de idade, também enlouquece.

Essa ansiedade da família aumenta em seu movimento de concentração de energia quando ÁLVARO tem de auxiliar a sogra a cuidar da filha TELMA, já diagnosticada como D.M. Aumentam as tensões, pois a partir daí se convive cotidianamente com os problemas decorrentes da doença mental.

Na família nuclear, as tensões se concentram e rigidificam no mito, quando aos 4 anos de idade, a família se inteira das dificuldades escolares da filha ELISA e começa a tratá-la, procurando os mais diversos modos de atendimento.

Quando a jovem, aos 12 anos, se aproxima da idade crítica para a família, o desespero se evidencia na dificuldade de expressar e reconhecer esses sentimentos, tornando-se compulsiva na busca constante de ajuda e de alternativas para melhora de ELISA.

Por outro lado, ao mesmo tempo que isso ocorre, não se reconhecem pequenas melhoras e não se facilitam espaços para comunicação mútua a respeito desses medos. Assim, diante desses desconhecimentos não se tornam claras as diferenças etiológicas entre doença mental e atraso de desenvolvimento.

A necessidade expressa de que a criança "melhore" aumenta a ansiedade na própria jovem, que se sente pressionada por uma carga de tensão ao mesmo tempo que a convivência com a tia (DM) colabora decisivamente para o "medo de adoecer".

O conhecimento da doença do próprio primo, tido como DM, com a doença vindo dos dois ramos da família, faz com que ela se sinta estigmatizada.

Portanto, a família marcada pelo estigma da doença e a pessoa designada pela história da família, na pauta repetida de DM no seu caçula, marca o lugar e o tempo da adolescência como "idade fatal" nessa família.

O não reconhecimento de sua melhora, colabora diretamente nesse momento para manutenção da baixa auto-estima da menina ELISA. Provavelmente estaríamos diante de forças homeostáticas da família que favoreceriam o cumprimento da profecia. Por outro lado, a tarefa que os pais lhe atribuíram parece ser muito pesada para ela. Pois, sendo o foco de atenção com a melhor das boas intenções, não tem espaço para se desenvolver e superar seu atraso de desenvolvimento, que de fato é muito pequeno, tendo, possivelmente, fantasias de não conseguir escapar da profecia.

QUARTA FASE: APRESENTAÇÃO DO GENOGRAMA "REFLETINDO O MITO"

RELATOS SIGNIFICATIVOS:

ÁLVARO:

"O meu avô era uma pessoa maravilhosa, ele me passou força, trabalho e como cuidar da família." (F. O. Materna).
"A minha mãe era muito boa, me passou muito amor e carinho" (F. O. Paterna).
"Eles me ajudaram, me passaram vontade de ajudar e de fazer coisas" (F. Origem).
"Esta família precisava de muita ajuda" (F. O. Materna).
"Sim, ficamos muito preocupados com a doença."
"Nós não sabemos a diferença entre as doenças."

DALVA:

"Eu não conheci ele, mas ouço contar que era uma pessoa muito boa" (a respeito de F. O. Avó Materna)
"Eu gostava muito dos meus sogros."
"E sinto muita dificuldade para falar das minhas histórias... eu já contei tudo, alguém me ajude..."
"Esta história é muito triste."
"São todos tão complicados."
"É, eu acho que temos medo de doença."
"É um medo muito grande, até de eu adoecer... e a ELISA também...."

ELISA:

Essa é uma família muito carinhosa" (F. O. Avó Paterna).
"Vi como vô trabalhava, eu também quero cuidar das pessoas" (F. O. Avó Paterna).
"Eu fico triste de ver tanta gente doente."
"Vocês nunca me disseram nada disso."
"Eu tenho um medo danado de ficar doente."

SOBRE O VIVIDO NO TRABALHO:

ÁLVARO :

"Foi muito bom falar tudo isso."
"A gente se sente melhor."
"Quanta coisa eles deixaram pra gente!"

DALVA:

"É muito triste lembrar tudo isso."
"Essa experiência foi muito boa."

ELISA:

"Foi tão bom; eles falaram de coisas que nunca me disseram."
"Eu fiquei triste, mas também fiquei muito feliz."

Observação: Após o reconhecimento do mito, esses conteúdos foram trabalhados tanto na expressão dos sentimentos referentes a eles, como na busca de sua diferenciação.

Verificou-se a possibilidade de muitos membros na família não adoecerem e as diferenças individuais envolvidas.

Foram abordados os outros conteúdos implícitos nos mitos familiares que serviram de sustentação a essas famílias.

EVOLUÇÃO DO CASO:

As conclusões sobre o trabalho realizado foram discutidas com os profissionais envolvidos com o caso; foi oferecido o acompanhamento do mesmo.

A mãe relata sua dificuldade de sair de casa, pois cuida da irmã doente; o pai voltaria a procurar atendimento se necessário. No momento estava ocupado com a reabilitação da filha.

ELISA continuou a ser atendida por profissionais da área para reabilitação, avançando vagarosamente em relação aos objetivos do tratamento. Continua com uma baixa auto-estima, com melhora no relacionamento familiar e algumas dificuldades típicas da idade.

11. REPENSANDO O MITO

Este trabalho possibilita a compreensão da vida interna da família, com problemas que foram e continuam a ser objeto de nossos estudos.

A entrevista trigeracional e a elaboração do genograma facilitaram o resgate da história dessas famílias. Isso nos possibilitou visualizá-las num contexto de padrões intergeracionais onde os conteúdos míticos, segredos e expectativas de lealdade podem ser diferenciados, explicitados e analisados em relação ao problema apresentado pela família, como queixa do adolescente.

De acordo com a história de vida das famílias e para a realização do nosso trabalho, foi possível perceber o sentido atribuído pelos indivíduos às suas próprias famílias, e com o qual eles construíam a sua própria concepção de realidade familiar. Chegamos à seguinte conceituação do mito: *"O mito constitui em sua essência a concepção do mundo própria da família, onde se cria a realidade familiar e o mapa do mundo individual."*

A diferenciação dos vários mitos presentes em cada estrutura familiar tornou-se necessária para facilitar a leitura dos vários núcleos de sentido e dos múltiplos significados implícitos na construção mítica.

Ao diferenciarmos os mitos presentes em cada estrutura familiar, como *"Mito Espinha Dorsal"*: *"aquele que norteia a estrutura e o funcionamento da família determinando o maior número de pautas e regras familiares"*, e os *"Mitos Auxiliares"*: *"aqueles que vão se delineando com o passar do tempo, que se ajustam ao mito espinha dorsal, determinando pautas complementares"*, acreditamos possibilitar uma visão prática e facilitadora da compreensão da vida interna da família.

Um mecanismo de encaixe e de complementaridade pode ocorrer entre os *"Mitos Espinha Dorsal"* e os *"Mitos Auxiliares"*, podendo surgir em algumas situações especiais. Quando as pessoas se casam e vêm de estruturas familiares diferentes, ocorre o encaixe entre dois mitos, em geral um continua norteando a estrutura da família, e o outro o complementa, encaixando-se.

Nas famílias nucleares estudadas, isso pode ser verificado: cada membro do casal vindo de duas famílias diferentes se ajusta e os dois se complementam. Na família de ELISA, o *"Mito da Doença"*, vindo da familia de DALVA é complementado pelo *"Mito da Ajuda e Cuidado"*, vindo da família de ÁLVARO.

Este mecanismo de encaixe parece determinar como os "mitos individuais" se encaixam nos "mitos familiares" e os "mitos familiares" se prolongam através dos "mitos individuais", notando-se a presença da recursividade e circularidade própria dos sistemas. Essa complementaridade se estende dos mitos familiares para os mitos individuais, e dos mitos individuais para os familiares.

As várias conceituações de mito vão abarcar diferentes aspectos da mesma realidade, pois essas conceituações são norteadas pela função que o autor relaciona ao mito. Pôde ser verificado que o mito pode ter uma função defensiva, no aspecto de compartilhamento e no não questionamento das crenças na família.

Na definição estável do próprio sistema, podem-se visualizar forças homeostáticas pertencentes a cada família, e em muitas dessas circunstâncias estão associadas ao conteúdo mítico. Os mitos aparecem freqüentemente ligados às forças homeostáticas do próprio sistema, o que é evidenciado nos momentos de crise da família, em que a estrutura fica a descoberto. Daí se tornam visíveis as normas e pautas familiares que servem de sustentação à trama mítica.

Essa ligação com as forças homeostáticas parece equivaler àquela que o mito tem com todo o sistema familiar, devendo esse mecanismo de ligação ser mais bem investigado posteriormente.

Atentamos para uma concepção evolutiva e transformadora da trama mítica, numa transmissão intergeracional do mito através de três gerações numa mesma família.

Vários aspectos podem ser apontados como favorecedores do aparecimento da trama mítica. Desde a incorporação de mitos culturais, relacionados à satisfação das necessidades humanas básicas, tais como a manutenção da propriedade como condição de sobrevivência, o que leva a uma atitude de longa aceitação, até o surgimento de segredos que podem influenciar o aparecimento do mito, e serem também influenciados por ele.

O mito pode sofrer rigidificação, como na família de Eduardo: DIRCE utiliza o *"Mito da Luta"* advindo das condições adversas de sobrevivência da família, para não cair no destino da família: alcoolismo ou prostituição. Quando mudam as condições de vida, arma-se ainda fortemente do mesmo mito como bandeira individual e familiar, o que indica tanto a inter-relação, quanto a circularidade e retroalimentação nos sistemas.

Ocorre modificação do mito quando há enfraquecimento da família devido a rupturas ou cortes, como na família de João Carlos:

quando houve muito êxodo da terra, porque "*a gente planta e não dá,*" o mito passou de "*Mito da Propriedade*" para o "*Mito da Aquisição da Cultura*", numa flexibilização em função das mudanças contextuais.

As lealdades invisíveis mostram-se estreitamente entremeadas e inter-relacionadas na estruturação mítica, determinando tanto o seu aparecimento como a sua própria configuração. Verificou-se como a lealdade cria conexões entre as gerações passadas e futuras, desde a maneira como os nomes são distribuídos e se repetem na família até as expectativas que ocorrem em relação ao resgate da justiça familiar.

Outras expectativas mostram-se presentes: escolha de profissão ou casamento, o que de certa forma determina aos membros familiares suas atribuições, como encontramos na família de ELISA. ÁLVARO, advindo de família com presença do "*Mito da Ajuda e Cuidado*" escolhe a profissão de soldado.

Os nomes podem indicar a presença dos mitos auxiliares, como os encontrados em famílias descendentes de imigrantes italianos e tradicionais brasileiras, nas quais predominam os nomes de santos de devoção, como na família de JOÃO CARLOS: João, José, Maria. Ao mesmo tempo, constituem uma marca da identidade familiar e podem indicar a presença de mitos auxiliares.

Os segredos mostram-se diretamente relacionados a sentimento de culpa, gerando movimentações de alianças e ocultamento, assim como determinando a manutenção de tensões na família. Observou-se que os segredos podem tanto determinar o aparecimento da trama mítica como a maneira de reagir aos segredos é determinada pela própria trama mítica.

Esses mitos que se formam em relação ao segredo são diretamente influenciados pelos mitos de maior poder na família, com maior freqüência o mito espinha dorsal.

A morte na família aciona a estrutura de lealdade, gerando movimentação da trama mítica, muitas vezes outras pessoas assumem o lugar da pessoa ausente, principalmente nas funções paternais exercidas com a prole.

É freqüente a necessidade de reorganização da família em razão dessas perdas. Ao tratar-se de figuras míticas na família ou aquelas que detêm a função de guardiãs dos mitos da família, há enfraquecimento da força mítica, em função dessas mudanças contextuais.

Os cortes bruscos na família geram movimentações, tanto de alianças nos que ficam como nos que partem, como é comum verificar-se: aqueles que ficam no lugar e aqueles que vão embora, favorecendo o enfraquecimento e modificação do mito.

Nos mitos, convém destacar os rituais que servem à sua sustentação e têm a função de transmitir aos familiares valores, atitudes e comportamentos determinados pelo mito. É possível observá-los sofrendo modificações e colaborando decisivamente para a transformação da trama mítica. O reconhecimento dos rituais é extremamente importante, pois, ao fazer parte de aspectos da interação familiar, são facilmente percebidos, fornecendo fortes indícios para identificação dos mitos na família.

As famílias tornam-se portadoras de determinados rituais específicos de acordo com seus mitos. Assim, por exemplo, no *"Mito da Propriedade"* são comuns as tarefas de cuidado com a terra.

Os rituais nas famílias vão ser modificados quando os mitos sofrem transformações, como no *"Mito da União"* muito freqüente em famílias de imigrantes, em que era preciso estar unidos como forma de garantir a própria sobrevivência. A pauta de "morar junto" sofre mudanças para "morar perto" ou na mesma cidade.

Na proporção em que o ritual facilita o reconhecimento da vida interna da família, fornece a oportunidade para se trabalhar terapeuticamente com a mesma.Dessa forma, favorece a reorganização de pautas de funcionamento, as quais podem colaborar para a modificação de aspectos ligados à mitologia familiar.

As falas repetitivas parecem atuar como elos visíveis e representativos da presença dos rituais e da malha mítica, ou seja, como elementos estruturais dos rituais.

É possível discriminar dentre os eventos estressores aqueles decorrentes dos problemas relacionados a essa fase do ciclo vital, como um filho adolescente, dos outros estressores advindos da estrutura e organização de pelo menos três gerações dessas famílias.

Os estressores externos devem ser devidamente considerados, tais como instabilidade política e social, nos diferentes momentos históricos. Fatores como o grupo de amigos, as pressões sociais, mudanças de papéis sociais, liberação feminina, influenciam diretamente o aumento de tensões.

As crises e os conflitos, na medida em que acionam uma mudança na família, podem provocar a flexibilização dos mitos presentes na estrutura, gerando movimentação mítica. Como ocorre na família de JOÃO CARLOS, diante do êxodo do campo, com as facilidades de uma vida urbana e a presente desvalorização social do trabalho na lavoura, fica difícil a dedicação necessária para o *"Mito da Propriedade"*.

Os conflitos que aparecem na família foram elementos decisivos de ampliação de estresse. Estavam acumulados através das gerações, tanto no sentido horizontal, família atual, como no sentido vertical, a herança multigeracional e cultural. Esses mesmos conflitos servem à função de buscar maneiras alternativas frente à rigidificação de pautas estabelecidas pelo mito.

Nessas famílias, todos, em diferentes fases do seu ciclo de vida, interagem, desde a criança menor na primeira infância, o adolescente, o filho casado, até o avô ou avó que, eventualmente, moram junto, afetando e sendo afetados por essa estrutura familiar. Deve-se considerar também que a adolescência dos filhos reaviva a própria adolescência dos pais.

Outro aspecto presente em conflitos na adolescência relaciona-se à diferenciação, pois a marca familiar determina o nível de diferenciação alcançado futuramente pelos seus membros.

Nossos dados comprovam que os mitos, ao compor a estruturação familiar, asseguram o estilo de funcionamento da família, determinando a marca familiar e influenciando diretamente a diferenciação dos filhos.

A própria problemática está diretamente relacionada a essa dificuldade de diferenciação, como quando Eduardo afirma querer "ter seu jeito de viver". Do ponto de vista evolutivo, é o que se espera do adolescente mas, diante do *"Mito de Luta"* com pautas rigidificadas, faz com que as tensões aumentem na família.

As triangulações, quando presentes, se mostram responsáveis por verdadeiros pontos nodais, que indicam conflitos de difícil resolução na família, favorecendo a sua disfuncionalidade.

A flexibilidade torna-se muitas vezes comprometida diante da rigidificação de determinadas pautas do mito e da concentração de tensões advindas das direções vertical e horizontal, concentrando-se quando os pais enfrentam a problemática da adolescência.

Na fase em que o adolescente questiona o estilo de vida da família, a transição implica mudanças que afetam todo o grupo familiar. A flexibilização da família é testada, assim como muitas vezes os seus mitos sofrem transformações.

Nesta oportunidade podemos perceber como a situação torna-se difícil para a família do adolescente, e para o adolescente na família.

Foi possível a visualização do adolescente num contexto mais amplo no qual se reconhecem as forças internas que atuam nessas famílias, e que colaboram e se relacionam com o problema apresentado, favorecendo a disfunção familiar.

Nesse caso o sintoma do adolescente pode ser visto como a ponta de um *iceberg*, trazendo conflitos não clarificados de várias gerações, ou mesmo ser visto como a metáfora de um problema que envolve toda a família.

No momento do ciclo de vida em que o adolescente questiona o funcionamento e estilo de vida da família, as dificuldades estruturais lidas através dos mitos se clarificam. Torna-se possível situar o adolescente na família, não como paciente identificado, mas como parte de um problema do qual participam todos os membros do sistema familiar.

São necessárias propostas de tratamento que possam abarcar este novo campo de conhecimento. Nessa situação, o trabalho terapêutico deve utilizar a oportunidade para refletir a respeito do próprio funcionamento da família, sobretudo através do conhecimento de suas histórias, das regras, ritos e do poder mítico. Ele possibilita à família o reconhecimento dos padrões pelos quais atua e a clarificação desses conteúdos internos, permitindo a reorganização familiar, assim como a procura de melhora no relacionamento com os próprios filhos.

É necessário oferecer ao jovem uma linha de tratamento que leve em conta os aspectos facilitadores e o apoio de que precisa para caminhar rumo à sua autonomia.

O estudo dos mitos é um campo extremamente enriquecedor, profícuo para a pesquisa e a terapia.

O mito familiar deve ser utilizado como momento de reflexão por todos nós, pois representa no aspecto intergeracional, a nossa história respondendo em si mesma.

A experiência de vida e o sentido atribuído à vida por essas pessoas que viveram antes de nós, na perpetuação de nossas famílias, na preservação do significado de pertencimento que encontraram, representa o potencial inerente a cada um de nós. É lá que, nos momentos de necessidade, através das histórias dos nossos familiares, vamos buscar o conteúdo mítico, com o qual construímos, nós mesmos, o nosso mito individual.

Através de um processo de confronto dessas concepções com as várias maneiras pelas quais podemos visualizar a nossa experiência, encontramos o nosso próprio sentido de vida.

Representa um valioso ganho pessoal, quando tomamos contato com essa verdade, de continuadores e reconstrutores de nossa própria história.

BIBLIOGRAFIA

1. Andolfi, M. (1981) *A Terapia Familiar*. Editorial Vega. Portugal.
2. Andolfi, M., & Angelo, C. (1989). *Tempo e Mito em Psicoterapia Familiar*. Tradução de Fiorangela Desidério. Editora Artes Médicas. Porto Alegre.
3. Andolfi, M., et al.(1984). *Por trás da Máscara Familiar*. Tradução de Maria C. R. Goulart. Editora Artes Médicas. Porto Alegre.
4. Bateson, G. (1976). *Pasos Hacia una Ecología de La Mente*. Tradução de Ramón Alcalde. E. Carlos Lohlé, Buenos Aires.
5. Bateson, G. (1986). *Mente e Natureza*. Tradução de Claudia Gerpe. Editora Francisco Alves. Rio de Janeiro.
6. Bertalanffy, L. V. (1973). *Teoria Geral dos Sistemas*. Editora Vozes. Petrópolis.
7. Black, Evan I. Roberts J., & Whiting R. A. (1991). *Rituales Terapeuticos y Ritos en la familia*. Editorial Gedisa. Barcelona.
8. Borzormeny, Nagy y Spark (1973). *Lealdades Invisibles*. Editores Amarrortu, Buenos Aires.
9. Bowen, M. (1978). *Family Therapy in Clinical Practice*. E. Jason Aronson. Nova York.
10. Bucher, J. (1985). "Mitos, segredos e ritos na família". *Psico., Teor., Pesq.*. Brasília, 1 (2) 110 - 117 mai-ago.
11. Capra, Fritjof (1989). *O Ponto de Mutação*. Tradução de Álvaro Cabral, Editora Cultrix, São Paulo.
12. Cassirer, E. (1972). *Linguagem e Mito*. Editora Perspectiva. São Paulo.
13. Dell, P. (1982). "Beyond Homeostasis: Toward a Concept of Coherence", *Family Process*, 21:21-41
14. Eliade M. (1989) *Mito e Realidade*. Tradução de Pola Civelli. Editora Perspectiva. São Paulo.
15. Erickson, Erik H. (1972). *Identidade, Juventude e Crise*. Editora Zahar. Rio de Janeiro.
16. Falicov, J. C. (1991). *Family Transitions. Continuity and Change over the Life Cycle*. The Guilford Press. Nova York.
17. Ferreira, A. J. (1971). *Mitos Familiares. Interacíon Familiar*. E. Tiempo Contemporáneo. Buenos Aires (pp. 154-163).
18. Fishman, C. H. (1989). *Tratamiento de Adolescentes con Problemas*. Tradução de Gloria Vitale. Editora Paidós. Buenos Aires.
19. Foley Vincent D. (1990). *Introdução à Terapia Familiar*. Tradução de José O. A. Abreu. Editora Artes Médicas. Porto Alegre.

20. Friedman H., Rohrbaugh M., Krakauer, S. (1988). "The Time-Line Genogram: Highighting Temporal Aspects of Family Relationships", *Family Process*, 27, Sept., 293-303.
21. Goldrick, McMonica y Carter, E. (1980). *The Family Life Cicle. A framework for family therapy*. Gardner Press. Nova York.
22. Goldrick, McMonica y Gerson, R. (1984) *Genogramas en La Evaluación Familiar*. Editorial Celtia. Buenos Aires.
23. Grotevant. H. D., Cooper, C. (1985). "Patterns of Interaction in Family Relationships and the Development of Identity Exploration in Adolescence". *Child Development 56*, 415-428.
24. Haley, Jay (1979). *Psicoterapia Familiar*. Tradução de Lúcio R. Marzago. Editora Interlivros, Minas Gerais.
25. Hill, R. (1986). "Life Cycle Stages for Types of Single Parent Families: Of Family Development Theory". *Family Relations*, 5 (1) 19-30.
26. Ingersoll B. Dayton, PhD., Arndt, B. (1990) "Use of the Genograma with the Elderly and their Families". *Journal of Gerontological Social Work*, Volume 15, 105- 119.
27. Jackson, D. (1957). "The Question of Family Homeostasis", *Psychiatric Quartely Supplement*, 31 : 79-80.
28. Jackson, D. (1980). "Interacción familiar, homeostásis y psicoterapía familiar conjunta". Ed. Tiempo Contemporáneo, Buenos Aires, 164-194.
29. Karpel A. Mark (1980) "Family Secrets". *Family Process* Volume 19: 295-306.
30. Kirk, S. G. (1970). *El Mito: Su Significado y Funciones en las distintas culturas*. Tradução de Antonio Pigrau Rodrigues. Barral Editores. Baress Volume 19 : 295-306.
31. Knobel, Maurício, e Aberastury, A. (1973). *La Adolescencia Normal*. Editorial Paidós. Buenos Aires. 3ª edição.
32. Kramer R. J. (1985) *Family Interfaces. Transgerational Patterns*. Publisher Brunner Mazel. Nova York.
33. Krom Paccola, M. (1992) "O Mito nas Histórias Familiares de Adolescentes com Problemas". Tese de Mestrado defendida na Pontifícia Universidade Católica de São Paulo. (Não publicada).
34. Laszlo, Ervin. (1972). *The Systems View of the World*, Braziller. Nova York.
35. Lovelock. J. (1991). *As Eras de Gaia*. Tradução de Beatriz Sidou. Editora Campus. Rio de Janeiro.
36. Macedo, Rosa M. S. (1990). "O Jovem na Família". Anais do 3º Simpósio Brasileiro de Pesquisa e Intercâmbio Científico. Águas de São Pedro, SP. 57-64.
37. Minuchin, P. (1985). "Families and Individual Development: Provocations from the Field of Family Therapy". *Child Development*, 56, 289-302.
38. Minuchin, S. (1988). *Famílias, Funcionamento e Tratamento*. Tradução de Jurema A. Cunha. Editora Artes Médicas. Porto Alegre.

39. Minuchin, S. y Fishman C. (1990). *Técnicas de Terapia Familiar*. Tradução de Claudine Kinsch e Maria E. F. R. Maia. Editora Artes Médicas. Porto Alegre.
40. Olson, D. H. Russel, L. S. & Sprenkle, D. H. (1983). "Circumplex Model VI: Theoretical update". *Family Process*, 22, 69-83.
41. Olson, D.H., McCubbin, H. & Assoc. (1983) *Families: What Makes them Work*. Beverly Hills, CA: Sage.
42. Palazzoli S. M. *et al.* (1982). *Paradoja y Contraparadoja. Un Nuevo Modelo en la Terapía de la Familia a Transacción Esquizofrénica*. Editorial A. C. E. Buenos Aires.
43. Piaget, Jean (1967). *Seis Estudos de Psicologia*. Editora Forense. Rio de Janeiro.
44. Pincus L., & Dare C. (1987) *Psicodinâmica da Família*. Tradução de Clara Rotenberg e Shirley Kleinke. Editora Artes Médicas. Porto Alegre. 2ª edição.
45. Prigogin, Iliá. (1980) *From Being to Becoming*. Freeman. São Francisco.
46. Sabatelli R., Anderson S. (1991). "Family System Dynamics, Peer Relationships, and Adolescents Psychological Adjustment". *Family Relations*, 40, 363-369.
47. Schutman, Dora (1989) "Desequilíbrio na Família" *Apostila INTER-FAS*. Buenos Aires.
48. Solomon, M. (1973) "A Developmental Conceptual Premise for Family Therapy". *Family Process*, 12. 179-188.
49. Stanton M.D, *et al.* (1990). *Terapía Familiar del abuso y adicción a las drogas*. Editorial Gedisa Espanha.
50. Strauss, L. (1980). *A família. Origem e Evolução*. Editora Villa Martha.
51. Strauss, L. (1970). *Mito e Linguagem Social*. Ed. Tempo Brasileiro. Rio de Janeiro.
52. Watzlawick P., Beavin J. H., & Jackson D. (1967) *Pragmática da Comunicação Humana*. Tradução de Álvaro Cabral. Editora Cultrix. São Paulo.
53. Watzlawick, P., Weakland, J., e Fisch. R. (1974). *Mudança. Princípios de Formação e Resolução de Problemas*. Tradução de Jamir Martins. Editora Cultrix. São Paulo.
54. Weiss, Paul A. (1973). *Within the Gates of Science and Beyond*. Hafner. Nova York.

Leia também:

UM E UM SÃO TRÊS
O casal se auto-revela
Philippe Caillé

Na dinâmica de qualquer casal intervém uma dimensão que escapa ao controle dos dois parceiros. Desconhecida em geral, essa dimensão ainda não recebeu um nome, mas poderia ser chamada de *o terceiro excluído* da relação ou *o absoluto* do casal. Este livro demonstra que falar de casal em termos de dois elementos é cair na banalidade, é analisá-lo através de um modelo falido. O autor revela como é possível trabalhar sobre este terceiro elemento devolvendo ao casal sua criatividade original.

REPETIÇÃO E TRANSFORMAÇÃO NA VIDA CONJUGAL
A psicoterapia do casal
Vera Lúcia C. Lamanno

Uma formulação teórica a respeito do psiquismo conjugal, das diferentes formas de interação que um casal pode estabelecer ao longo da convivência. A autora introduz idéias sobre o que seria uma organização psicótica e uma organização não-psicótica de casamento.

TERAPIA FAMILIAR BREVE
Steve de Shazer

Dando ênfase à análise dos padrões de comportamento fundamentados na teoria da mudança, o autor descreve a teoria e a prática de um modo de atuar que desafia pressupostos básicos na terapia familiar.

RELACIONAMENTO CONJUGAL
Uma abordagem psicanalítica
Vera Lúcia C. Lamanno

Um ensino original de psicoterapia aplicada em que os pacientes se transformam em personagens de criação literária, artifício inteligente para produção de um autêntico e confiável manual de treinamento para a compreensão da relação a dois.
REF. 372

Impresso na
**press grafic
editora e gráfica ltda**
Rua Barra do Tibagi, 444 - Bom Retiro
Cep 01128 - Telefone: 221-8317